KB005347

넥스트 파이낸스

BOOK
JOURNALISM

넥스트 파이낸스

발행일 ; 제1판 제1쇄 2019년 12월 3일 제1판 제9쇄 2021년 5월 20일
지은이 ; 이용재·임동민·한중섭·한대훈·차두휘·한서희·정호석·김윤호
발행인·편집인 ; 이연대 편집 ; 김하나 제작 ; 강민기
디자인 ; 유덕규 지원 ; 유지혜 고문 ; 손현우
펴낸곳 ; ㈜스리체어스 _ 서울시 중구 삼일대로 343 9층
전화 ; 02 396 6266 팩스 ; 070 8627 6266
이메일 ; hello@bookjournalism.com
홈페이지 ; www.bookjournalism.com
출판등록 ; 2014년 6월 25일 제300 2014 81호
ISBN ; 979 11 89864 90 3 03300

이 책 내용의 전부 또는 일부를 재사용하려면
반드시 저작권자와 스리체어스 양측의 동의를 받아야 합니다.
책값은 뒤표지에 표시되어 있습니다.

BOOK
JOURNALISM

넥스트 파이낸스

이용재 · 임동민 · 한중섭 · 한대훈 · 차두휘 · 한서희 · 정호석 · 김윤호

; 경제적 가치를 갖고 있으면서 동시에 데이터로서 거래되는 모든 것이 디지털 자산이다. 법정 통화가 순환하면서 산업을 지탱하듯 가까운 미래에는 토큰들이 블록체인 세상을 빠르게 순환하면서 산업 활동을 촉진할 것이다. 인류는 위·변조에 취약한 파일 소유권에서 벗어나 완전히 새로운 디지털 자산을 마주하게 되었다. 블록체인은 인터넷이라는 패러다임을 종결시키고 있다.

차례

프롤로그

모두가 출발선상에 서는 기회는 다시 오지 않는다

새로운 산업이 태동하는 시기에는 유리한 고지를 선점하기 위한 경쟁이 치열하기 마련이다. 유리한 고지란 새로운 표준 standard을 의미한다. 모호함을 불편해하는 대중의 표준에 대한 욕구를 가장 먼저 충족시키는 기업이 가장 큰 과실을 가져간다. 컴퓨터 하드웨어 분야에서는 IBM이, 소프트웨어 분야에서는 마이크로소프트가, 그리고 전자 상거래 분야에서는 아마존이 표준을 제시하고 시장을 선점했다. 역사적으로 새로운 산업의 표준은 대체로 기꺼이 위험을 감수한 개척자들의 전리품이었다.

하지만 기업사를 뜯어보면 그렇지 않은 경우도 꽤 있다. 미국 펜실베이니아대 와튼 스쿨 교수이자 베스트셀러 작가인 애덤 그랜트Adam Grant는 자신의 저서《오리지널스Originals》에서 후발 주자가 오히려 선발 주자보다 성공할 가능성이 크다고 주장한다. 후발 주자들은 개척자들이 겪은 시행착오를 최소화해 이들이 맞닥뜨린 난제를 효율적으로 해결할 수 있기 때문이다. 그는《아웃라이어Outlier》의 저자 말콤 글래드웰Malcolm Gladwell의 코멘트를 빌려 다음과 같이 썼다.

"차라리 두 번째나 세 번째로 시장에 진입해서 선발 주자가 어떻게 하는지 살펴보고 더 나은 방법을 모색하는 것이 낫지 않을까. 아이디어가 정말 복잡해지고 세상도 복잡해지는데 가장 먼저 나선 사람이 모든 문제를 다 해결하리라고 생각하면 어리석다. 무엇이 좋은 것인지 파악해 내는 데는 오랜 시간이 걸린다."

여기서 가장 중요한 포인트는 바로 '두 번째나 세 번째'라는 부분이다. 선두 주자가 될 필요는 없지만 선두를 추월할 위치에는 있어야 한다는 의미다. 디지털 자산이란 경주의 시작을 알리는 총성은 일찌감치 울렸다. 글로벌 금융 기관들은 앞다퉈 디지털 자산 시장에 출사표를 던지고 있다. 다행히 어느 누구도 아직 표준을 제시하지는 못했다. 헤게모니를 장악한 이도 없다. 기껏해야 출발선상에서 한두 걸음 앞선 것이 고작이다.

20세기 산업 역사를 되짚어 보면 안타깝게도 대한민국은 혁신을 주도했던 적이 없다. 단 한 번도 미국, 유럽 등의 선진국들과 동일한 출발선상에 서 있었던 적이 없었기 때문이다. 물론 뛰어난 두뇌와 각고의 노력으로 뒤늦게 출발해 세계 1위 자리를 움켜쥔 분야도 있다. 반도체와 조선업이 대표적이다. 그러나 그 과정에서 발생한 기회비용은 막대하다.

새로운 시대는 새로운 혁신을 원하고 있다. 이제야 비로소 대한민국은 전 세계 국가들과 동일한 출발선상에 서는 기회를 맞이했다. 출발의 총성이 울리고, 아직 한 걸음도 내딛지 않았지만 늦지 않았다. 디지털 자산 시장은 아직 싹도 틔우지 못했다. 새로운 시작을 향한 한 걸음만 내디디면 충분하다.

블록체인과 디지털 자산이 촉발할 산업 혁명을 마주하면서 대한민국이 뒤처지지 않길 바라는 마음을 담아 8명의 금융·법조계의 전문가들과 함께 이 책을 쓴다.

감사의 마음을 담아, 이용재

이용재는 국내 최대 자산 운용사에서 11년째 펀드 개발 및 마케팅을 담당하고 있다. 2018년 블록체인과 암호 자산을 금융과 기술의 관점에서 풀어낸《넥스트머니》를 집필하고, 두나무와 공동으로 블록체인 유튜브 채널 〈쇼미더크립톡〉을 기획·진행했다. 국내 제도권 금융 회사들의 블록체인 산업 진입을 촉구하고, 디지털 자산에 대한 다양한 인사이트를 제공하는 〈디지털 자산 포럼 2020〉을 기획했다. 지금껏 이뤄 내지 못한 금융 혁신이 블록체인을 통해 가능할 것이라 믿는다.

1 디지털 자산 시장의 과거, 현재, 그리고 미래

정보에 값어치를 매기다

1915년 미국 전신 전화 회사American Telephone & Telegraph·AT&T 산하의 벨 연구소Bell Labs는 13만 개의 나무 전봇대를 이용해서 미국 동부의 뉴욕과 서부의 샌프란시스코를 잇는 대륙 횡단 회선을 완공했다. 이를 위해 통신 기술과는 별도로 수백 개가 넘는 소나무 품종, 나무와 케이블을 쪼아 매년 수십만 달러의 피해를 일으키는 땅다람쥐와 흰개미의 행동까지 수년에 걸쳐 연구했다고 한다. 대륙 횡단 회선 개통식에서 일찌감치 은퇴한 알렉산더 그레이엄 벨Alexander Graham Bell은 뉴욕에서 샌프란시스코에 있는 그의 옛 조수 토머스 왓슨Thomas Watson에게 전화를 걸었다. 세계 최초의 장거리 전화가 탄생한 순간이었다. 사람들은 드디어 물리적인 거리와 상관없이 의사소통을 할 수 있게 되었고, 이로 인해 다양한 정보에 저마다의 값어치가 매겨지는 새로운 세상이 열렸다.

네트워크라는 단어도 없던 20세기 초부터 AT&T는 전 세계를 연결하겠다는 목표를 갖고 있었다. 벨 연구소는 이를 이뤄 내기 위해 다양한 기술을 발명했다. 실제로 연구소를 통해 트랜지스터, 마이크로파 중계기, 광섬유, 인공위성 등의 기술이 탄생해 오늘날 우리는 목소리는 물론 이미지와 데이터까지 주고받을 수 있게 됐다. 이러한 진화 과정에서 모든 산업 활동은 정보에 의존하게 되었고, 자연스럽게 정보는 경제적 가치 창출 활동의 핵심으로 부상했다. 당시 사람들은 이러한 현상을 정보화 시대라고 불렀다.《벨 연구소 이야기》의 저자 존 거트너Jon Gertner는 이러한 현상에 대해 다음과 같이 말했다. “벨 연구소 과학자들의 연구 활동에 힘입어 '정보화 시대'가 도래했고, 이에 따라 인류는 비로소 실체가 있는 물질의 세계에서 벗어날 수 있게 됐다. 무게도 없고 보이지도 않으며 빛처럼 빠른 '새로운 자산'이 시대를 다시 정의하게 된 것이다.”

인간의 메시지가 전파를 통해 확산되기 시작한 시점, 즉 정보화 시대가 개막한 그 순간부터 디지털이란 개념은 우리 삶을 지배하고 있었다. 상호 연결을 통한 정보의 막힘없는 교류와 소통이 바로 디지털이다. 20세기 초에는 벨 연구소의 전화 통신 기술이 그 매개가 되었고, 오늘날에는 SNS, 유튜브, 각종 스마트폰 애플리케이션이 자리를 대신했을 뿐이다.

정보화 시대가 도래하고 다양한 디지털 기기들이 등장함에 따라 인류는 새로운 유형의 자산을 마주하게 되었다. 이진법binary 포맷으로 구성되어 디지털 기기에서 사용이 가능한 모든 종류의 텍스트, 사진, 음성 파일, 동영상 및 소프트웨어의 저작권, 소유권, 독점적 사용권 등이다. 이는 디지털 자산digital asset이라 불렸다.

디지털 자산은 단어 그대로 디지털과 자산의 합성어다. 디지털digital은 자유로운 연결을 의미하는데, 오늘날 디지털화된 연결의 매개체는 바로 데이터다. 자산asset은 미래의 현금 흐름이 발생하는 것을 지칭한다. 바꿔 말하면, 경제적 가치를 가진 모든 것을 의미한다. 경제적 가치를 갖고 있으면서 동시에 데이터로서 거래되는 모든 것이 바로 디지털 자산인 셈이다.

신뢰를 재정의하다

디지털 파일의 저작권 정도를 디지털 자산이라 여겼던 인류는 2009년 비트코인bitcoin과 블록체인blockchain 기술의 탄생으로 새로운 국면을 마주하게 된다. 바로 위·변조될 수 없는 암호화된 증표(코드)에도 경제적 가치를 부여하기 시작한 것이다. 현재 복제될 수 없고 희소한 '코드 덩어리'인 비트코인이 개당 1000만 원을 호가하고 있다. 이와 같은 비트코인 현상은 도대체 왜 일어난 것일까?

인류는 20~21세기를 지나오면서 당연시했던 사회 및 산업의 질서들이 사실은 상당히 부조리한 것이었음을 깨닫게 해주는 일련의 사건·사고들을 겪었다. 자유로운 정보 교류를 넘어선 '정보의 홍수' 속에서 표류하고 있는 오늘날 인류는 다양한 사회적 문제의 희생양으로 전락하곤 했다. 거짓 정보와 이를 악용한 각종 범죄, 정보 교류의 길목에서 자행되는 모럴 해저드와 탐욕, 그리고 심지어 맹목적인 신뢰를 보낸 시스템의 배신 등으로 인해 큰 상처를 입었다. 이제는 정보 그 자체만을 순진하게 믿는 행위는 자살 행위에 가깝다. 정보의 정확성 검증verification이 가장 중요해진 것이다.

1998년 아시아 외환 위기, 2000년 인터넷 버블 붕괴, 2008년 세계 금융 위기 역시 탐욕에 눈이 먼 금융 전문가들의 정보를 맹목적으로 신뢰한 결과이지 않은가. 우연인지 몰라도, 기존 금융 시스템을 송두리째 뒤흔들고 있는 비트코인의 백서white paper는 2008년 11월에 배포되었다. 그 어떤 외부 기관의 개입도 배제한 채 완전한 개인 거래를 통해 통용되는 디지털 화폐를 만들겠다는 사토시 나카모토Satoshi Nakamoto의 외침에 밀레니얼 세대들이 가장 적극적으로 호응하는 현상은 자연스럽기까지 하다. 밀레니얼 세대는 청년기에 위와 같은 인재人災를 경험하면서 기존 산업 시스템의 부조리함을 체감했다. 이들은 상대적으로 특정 시스템에 지배당하지 않으려는 성향을 갖고 있다. 인터넷과 컴퓨터 사용에도 익숙해 새로운 개념을 받아들이는 데 거리낌이 없다.

비트코인의 작동 엔진인 블록체인은 정보의 공유를 극대화해 오히려 정보의 위·변조 가능성을 원천 봉쇄한다. 모든 원장을 공유하는 참여자들은 동시에 모두의 증인이 된다. 서로를 신뢰할 필요도, 주어진 정보를 의심할 필요도 없다. 이로써 인류는 특정 상대방을 신뢰하기 위해 발생하는 불필요한 비용과 사회적 부조리 현상을 최소화할 수 있는 새로운 국면을 마주했다.

그렇다. 비트코인 현상의 본질은 바로 신뢰라는 개념의 재해석이다. 인류는 비트코인을 통해 중앙화된 중개자들이 불필요하다는 것을 체감했고, 블록체인을 통해 신뢰할 필요가 없는trustless 플랫폼의 가능성에 눈을 떴다. 비트코인은 다수의 사회적 합의를 이끌어 내는 기술만으로도 인류가 경제 활동을 영위할 수 있다는 것을 증명했다. 중앙은행과 금융 기관을 맹목적으로 신뢰할 필요도 없다. 산업 활동에 필수 불가결한 신뢰를 제거함으로써 전례 없던 새로운 혁신이 가능하다는 것을 깨우친 인류는 블록체인을 현존하는 모든 산업에 접목하고 있다. 그리고 블록체인은 모든 산업의 비즈니스 모델을 재해석하고 있다.

신뢰할 필요가 없는 플랫폼의 핵심은 다수의 참여자들을 플랫폼 안으로 끌어들이는 것이다. 수많은 사람들이 특정 정보를 교차 검증해야 하기 때문이다. 이를 위한 가장 효과적인 방법은 바로 보상이다. 비트코인은 이를 증명했다. 지금 이 시각에도 수많은 사람들은 신규 생성되는 비트코인을 보상으로 받기 위해 비트코인 블록체인에 참여하고 있다. 이러한 보상은 완벽에 가까운 불변성immutability을 갖고 새로운 변화를 지지하는 사람들에 의해 가치를 부여받아 거래되며, 다양한 경제 활동의 매개체 역할을 한다. 이를 토큰이라 부른다.

2018년 스위스의 금융시장감독위원회FINMA는 암호 자산 발행을 통한 자금 조달, 이른바 ICOInitial Coin Offering에 관한 가이드라인을 발표하며, 토큰을 지불형, 기능형, 자산형으로 분류했다. 지불형 토큰은 재화와 서비스의 취득을 위한 지불 행위에 사용되는 것 외에 다른 기능은 없는 토큰을 말한다. 비트코인과 같은 디지털 머니라고 생각하면 이해가 쉽다. 다음으로 기능형 토큰은 애플리케이션과 서비스의 디지털 접근권만을 제공할 목적으로 개발된 토큰을 지칭한다. 일례로 이더리움Ethereum 플랫폼을 사용하기 위해서는 이더ETH가 필요하다. 마지막으로 자산형 토큰은 실제 물리적 근거, 회사, 수익 흐름에 참여하거나 배당금, 이자 수익에 대한 권리를 주는 토큰을 의미하는데, 증권으로 간주되고 증권법을 적용받는 것이 특징이다. 블록체인 플랫폼 위에서 생성 및 거래되는 암호화된 증권이라고 볼 수 있다.

법정 통화가 순환하면서 오늘날 산업을 지탱하듯 가까운 미래에는 위와 같은 토큰들이 블록체인 세상을 빠르게 순환하면서 더욱 공정하고 안전한 산업 활동을 촉진할 것이다. 또한 블록체인 플랫폼 위에서 꽃피운 모든 혁신의 결과물들은 토큰으로 가치가 매겨지고 유통되고 거래될 것이다. 이로써 인류는 위·변조에 취약한 파일의 소유권에서 벗어나 완전히 새로운 디지털 자산을 마주하게 되었다. 마치 벨 연구소 과학자들이 전화기를 발명해 인류를 실체라는 공허한 관념에서 해방하고 정보화 시대를 열었듯이 말이다.

디지털 트리니티 ; 기술, 자본, 그리고 제도

모든 혁신의 전제 조건은 바로 불연속적인 혁신discontinuous innovation 기술의 탄생이다. 자동차의 연비를 개선하는 것, 공기역학적 디자인을 활용하는 것 등과 같은 혁신은 기존 자동차에 연결된 연속적인 혁신continuous innovation이다. 반면, 기술적 돌파구가 마련되어 전혀 다른 종류의 기술이 탄생하게 되는데 이것이 바로 불연속적인 혁신이다. 운송 수단에서 말이 사라지고 가솔린 엔진이 등장한 것은 20세기 인류가 경험한 불연속적 혁신이다. 20세기를 지나오면서 인류가 마주한 불연속적인 혁신 기술은 전화기, 반도체, PC, 인터넷, 스마트폰 등이 있다. 모두 기존의 패러다임을 종결시키고 새로운 시작을 알림과 동시에 어김없이 거대한 시장을 창출해 냈다.

블록체인은 비트코인 탄생 훨씬 전부터 관련 기술들의 발전과 응축의 과정을 수차례 거치며 기술적 효용성을 증명해 왔다. 2차 세계 대전 때까지 군사·외교 분야에서만 쓰였던 암호학은 1970년대에 급성장했고, 1980년대 사이퍼펑크cypherpunk는 암호학을 민간에 전달하고 프라이버시의 중요성을 외치며 저항했다. 1990년대를 맞이해 인터넷의 탄생과 함께 스마트 계약smart contract의 개념이 고안되었고, 2000년대 비트코인을 통해 기술적으로 완성되었다. 오랜 기술 축적 기간을 거쳐 탄생한 블록체인은 기존의 산업 패러다임을 뒤엎고 있다. 바로 신뢰에 기반하지 않고, 중개자를 최소화하며, 그 어떤 중앙화된 기관의 부조리도 허락하지 않는 공정하고 안전한 플랫폼을 통해서 말이다. 블록체인은 정치, 경제, 문화, 역사, 사회의 선입견에 정면으로 도전하고 있다. 인터넷이라는 패러다임을 종결시키고 새로운 패러다임을 열고 있는 블록체인은 새로운 불연속적 혁신을 일으키고 있는 것이다.

혁신 기술의 산업적 가능성을 판단하고 자본을 투입해 거대한 시장을 일궈 낸 경험이 있는 벤처캐피털VC은 인터넷의 뒤를 이을 새로운 불연속적인 혁신으로 블록체인을 낙점했다. 넷스케이프를 창업해 인류를 인터넷으로 이끈 마크 앤드리슨Marc Andreessen은 벤 호로위츠Ben Horowitz와 공동 설립한 인터넷 소프트웨어 전문 VC 앤드리슨 호로위츠Andreessen-Horowitz를 통해 공격적으로 블록체인 프로젝트에 투자하고 있다. 2018년 블록체인과 암호 자산에 투자하는 a16z 크립토 펀드crypto fund를 조성했다. 이 펀드의 규모는 3000억 원에 달한다. 비트코인, 이더리움, 암호 자산 거래소인 코인베이스Coinbase를 비롯해 다양한 프로젝트에 자금을 대고 있다.

블록체인과 암호 자산에 자본이 투입되는 현상은 다양

한 경로를 통해서 관찰되고 있다. 골드만삭스Goldman Sachs 출신 유명 헤지펀드 매니저인 마이클 노보그라츠Michael Novogratz는 디지털 자산 운용(펀드), 디지털 자산 트레이딩, 자문 등의 사업을 하는 갤럭시 디지털Galaxy Digital을 설립했다. 골드만삭스 출신인 댄 모어헤드Dan Morehead는 2013년 최초로 비트코인 투자 회사인 판테라 캐피털Pantera Capital을 설립하기도 했다. 벤 포먼Ben Forman은 세계 최대의 사모펀드인 콜버그 크래비스 로버츠KKR에서 블록체인 및 암호 자산 리서치 센터를 이끌다가 독립해 패러파이 캐피털ParaFi Capital을 창업했다. 여기에는 KKR의 창업주인 헨리 크래비스Henry Kravis가 자본을 댔다.

금융 회사들뿐 아니라 보수적으로 투자 자금을 운용하는 대학교 기금들의 투자도 활발하다. 포트폴리오 자산 배분 이론의 창시자이자 대학 기금 운용 업계의 선구자인 예일대학 기금의 최고투자책임자CIO 데이비드 스웬슨David Swensen은 앤드리슨 호로위츠의 a16z 크립토 펀드에 투자했다. 미시간대학교 기금도 동일한 펀드에 자금을 집행했다. 하버드대학교 기금은 한 발 더 나아가 2019년 4월 프린스턴대학교 출신 창업자들이 론칭한 블록체인 플랫폼 블록스택Blockstack의 토큰에 직접 투자를 단행했다. 하버드대는 펀드가 아닌 암호 자산을 직접 매수한 최초의 대학교가 되었다.

불연속적인 혁신 기술과 자본이 만나도, 뿌리를 내릴 토양이 없다면 혁신의 꽃은 피울 수 없다. 제도가 뒷받침돼야 한다. 글로벌 금융 선진국들은 앞다퉈 디지털 자산 제도화를 추진하고 있다. 자국에 유리한 범국가적 가이드라인을 만들기 위해서다. 미국이 오늘날 디지털 자산 강국으로 부상한 데는 상품선물거래위원회CFTC의 크리스토퍼 지안카를로Christopher Giancarlro 의장의 공헌이 컸다. 지안카를로는 신기술 태동기 혁신을 선도하기 위해서는 기술 활용 능력을 강화해야 한다고 강조했다. 이러한 신념은 혁신 기술 리서치 전담 기구인 랩CFTC 출범으로 이어졌다. 이 조직은 2017년 12월, 미국의 시카고상품거래소CME 및 시카고옵션거래소CBOE가 비트코인 선물 상품을 출시하는 데 결정적인 기여를 했다. 랩 CFTC에서 발행한 가상 통화virtual currency와 스마트 계약 기본 지침서를 보면, CFTC가 분산원장 기술을 얼마나 정확하게 파악하고 있는지 알 수 있다. 초반의 우려에도 불구하고, CME의 비트코인 선물 거래량은 나날이 증가하고 있다.

핀테크 경쟁력이 높은 싱가포르 역시 디지털 자산 제도화에 열을 올리고 있다. 실제로 싱가포르 금융통화청Monetary Authority of Singapore·MAS은 2017년 11월 토큰 공개 지침서A Guide To Digital Token Offerings를 발표했다. 한국을 비롯한 다른 국가들이 본질을 파악하지 못하고 허둥대는 틈을 타 디지털 자산에 부착된 권리를 포함하여 그 구조와 성격을 판단한 후 그에 따른 합당한 가이드라인을 선제적으로 제시한 것이다. 이와 더불어 가장 주목할 것은 바로 MAS의 업무 방식이다. 규제는 항상 혁신보다 늦다. MAS는 이를 극복하기 위해 수많은 스타트업에 직접 상주하며 새로운 서비스를 이해한다. 이를 바탕으로 합리적인 가이드라인을 발 빠르게 내놓는다. 혁신의 가능성이 엿보이는 기업에는 합당한 유예 및 예외 조항을 적용한다. 그 결과, 싱가포르(142개)는 2018년 미국(122개)을 제치고 블록체인 프로젝트 토큰을 가장 많이 공개한 국가로 올라섰다.

홍콩 증권선물위원회Securities And Futures Commission·SFC도 혁신을 선도하고 있다. 아시아 금융 허브 홍콩은 암호 자산 기관 투자 시장 조성에 대한 강한 의지를 갖고 있다. SFC는 이미 자산 운용사들이 펀드 GAVGross Asset Value의 10퍼센트 이내에서 비트코인, 이더리움과 같은 비非증권형 토큰에 투자하는 것을 허용했다. 2018년 11월에는 가상 자산virtual assets 투자 전반에 걸친 가이드라인을 발표해 강한 제도화 의지를 보였다. 해당 가이드라인에 따르면 가상 자산 100퍼센트로 포트폴리오를 운용할 경우 증권 거래 라이선스를, 가상 자산과 주식 등을 혼합하여 포트폴리오를 운용할 경우 자산 운용 라이선스를 취득해야 한다. 홍콩의 금융 기관들은 합법적으로 암호 자산에 대한 투자를 할 수 있는 것이다. 유독 홍콩에 암호 자산 리서치, 장외 거래OTC와 같은 기관 투자자 대상 서비스를 제공하는 회사들이 많은 이유다. 자본이 있는 곳에 기술이 모이기 마련이다.

세상에 없던 새로운 금융의 시작

세계 최대 증권 거래소인 뉴욕증권거래소New York Stock Exchange·NYSE의 모회사 인터컨티넨탈 익스체인지Intercontinental Exchange·ICE는 2019년 9월 디지털 자산 전문 거래소인 백트Bakkt를 론칭했다. ICE는 백트를 통해 실물 인수도 방식의 디지털 자산 선물 계약과 현물 거래 서비스를 제공할 계획이다. 현재는 만기 1일(24시간) 비트코인 선물 상품을 제공하고 있다. 해당 상품은 출시한 지 한 달 만에 누적 거래량 1억 달러를 돌파할 만큼 인기가 높다. 백트의 궁극적인 목표는 기관institution, 상인merchants, 소비자consumer가 디지털 자산을 쉽고 안전하게 거래, 보관, 그리고 소비할 수 있는 플랫폼을 제공하는 것이다. 기관 투자자들은 백트를 통해 만기 1일 선물을 매수해 거래 상대방 위험을 줄이면서 디지털 자산을 취득할 수 있게 된다. 디지털 자산을 활용하여 재화와 서비스를 제공하는 상인들은 백트의 선물 계약을 활용해 쉽고 안전하게 디지털 자산과 법정 화폐를 환전할 수 있다. 이렇게 해서 디지털 자산을 도입한 상인들이 많아지면 소비자들은 더욱 손쉽게 디지털 자산을 일상에서 사용할 수 있게 된다. 이와 같은 백트의 구체적인 로드

맵에 마이크로소프트, 스타벅스와 같은 글로벌 기업들도 동참하고 있다. 나스닥Nasdaq 역시 동일한 기능의 거래소인 에리스엑스ErisX를 론칭한다.

골드만삭스의 CEO 데이비드 솔로몬David Solomon은 지난 6월 말 프랑스 경제 일간지 《레제코Les Echos》와의 인터뷰에서 자체 암호 자산 발행을 암시하는 발언을 했다. JP모건에 뒤이은 메이저 투자 은행의 자체 토큰 발행 계획이라 화제를 모았다. 그는 인터뷰에서 "골드만삭스는 자산 토큰화asset tokenization와 스테이블 코인stable coin에 대해서 집중적으로 연구하고 있다"고 밝혔다. 전통 금융의 왕좌에 앉아 있는 골드만삭스는 왜 디지털 자산 시장에 눈독을 들이는 것일까? 그들이 그리는 디지털 자산 시장의 미래는 어떤 모습일까? 솔로몬의 코멘트에 답이 있다. 먼저 자산을 토큰화한다. 이렇게 생겨난 토큰을 스테이블 코인으로 거래한다. 이를 통해 마찰 없는 금융 서비스를 구현한다. 이것이 바로 골드만삭스가 그리는 디지털 자산 시장의 미래다.

자산 토큰화란 말 그대로 자산을 디지털 토큰으로 전환해 자산에 속한 다양한 권리들을 분배하는 행위를 말한다. 증권으로 분류된 자산을 토큰화한 것을 증권형 토큰이라 부르며, 출자 지분이나 발행자에 대한 지급 청구권, 공동 사업에 따른 수익을 받을 권리 등과 같은 증권의 성격을 갖는다. 최근에는 부동산, 미술품, 천연자원, 프로젝트 등을 유동화하고 프로젝트의 성공 여부에 따라 토큰 보유자에게 그 수익을 배분하는 자산 유동화 증권형 토큰 프로젝트들이 주목받고 있다. 페루의 경제학자인 에르난도 데 소토Hernando de Soto는 "재산 소유권과 각종 자산에 관한 정보를 기록하는 체계가 미비한 국가는 강력한 시장 경제를 구축할 수 없다"고 말했다. 기록 체계가 부실하면 자영업자 및 소상공인들이 신용을 얻기가 어려워지며, 경제 활동에 제약을 받기 때문이다. 결국 법적 보호와 세계화의 수혜를 독점하는 소수의 엘리트와 다수의 가난한 계층으로 구성된 두 개의 경제 체제로 분리된다. 소토에 따르면 법적 보호를 받지 못하고 기록되지 못해 거래되지 않는 죽은 자본dead capital이 전 세계적으로 약 10조 달러에 달한다고 한다. 블록체인의 가장 직관적인 기능은 바로 기록 및 추적이다. 이 기술을 활용하면 자산의 속성을 갖는 존재에 암호화된 디지털 코드를 입히고, 블록체인 위에서 생성·유통·소멸에 이르는 전 과정을 공정하게 기록할 수 있다. 즉, 자산 토큰화를 통해 죽은 자본에 숨을 불어넣을 수 있게 되는 것이다.

이론적으로 토큰화 대상에는 한계가 없다. 경제적 가치를 합리적으로 설명할 수만 있다면 토큰화하지 못할 것은 없다. 주식, 채권, 원자재와 같은 전통 자산은 물론 부동산, 미술품과 같은 대체 자산도 가능하다. 나아가 존재하지 않던 완전히 새로운 자산의 토큰화도 가능하다. 2019년 9월 미국 프로 농구NBA 브루클린 네츠Brooklyn Nets의 가드 스펜서 딘위디Spencer Dinwiddie는 자신의 연봉 계약을 토큰화하여 판매하려다 NBA 선수 협회의 반대로 중단했다. 단체 협상 규정을 위반했다는 것이었다. 비록 딘위디의 계획은 실패했지만 이를 통해 디지털 자산 시장의 미래를 엿볼 수 있다. 그는 1350만 달러에 달하는 연봉 계약을 증권형 토큰으로 만들어 전문 투자자들에게 판매할 계획이었다. 그렇게 하면 딘위디는 두 달에 한 번 받을 급여를 구단이 아닌 투자자들에게 한 번에 받을 수 있게 된다. 이를 원금 보존형 금융 상품에 투자하고 여기에서 나온 수익을 토큰 보유자, 즉 투자자들에게 배당한다. 팬들은 딘위디의 활약을 지켜보면서 두 달에 한 번씩 이자를 지급받고, 딘위디는 팬들로부터 받은 토큰 판매 금액으로 또 다른 경제 활동을 영위할 수 있게 된다. 이처럼 자산 토큰화는 전례 없는 새로운 자본new capital을 창출할 수 있다.

자산 토큰화 프로젝트야말로 미래 금융의 시발점이다. 블록체인의 장점을 활용하여 죽은 자본을 살려 내고, 완전히 새로운 자본을 창출해 전체 자본 시장의 범위를 무한히 확장할 수 있기 때문이다. 수년 안에 인류는 유·무형의 형태적 제약에서 완전히 벗어나 경제적 가치를 갖고 있는 모든 것을 디지털 형태로 거래할 수 있게 될 것이다. 또한 이를 기반으로 한 다양한 금융 상품과 서비스가 탄생할 것이다. 코드로 구성된 토큰에 컴플라이언스compliance(법령·윤리 준수) 규정을 삽입해 운영 위험을 최소화할 수 있을 것이다.

전통적인 금융 산업계에서도 변화가 일어나고 있다. 세계 최대 자산 운용사 피델리티는 선도적인 역할을 하고 있다. 2018년 10월 피델리티 디지털 애셋Fidelity Digital Assets을 설립하고 디지털 자산 시장에 뛰어들었다. 금융 공룡 피델리티가 디지털 자산 시장을 선점하려는 이유는 무엇일까? 전통 금융 산업이 과열 경쟁 국면에 돌입했기 때문이다. 곧 경제 활동의 핵심 주체가 될 밀레니얼과 Z세대는 과도한 학자금 대출로 사회에 나오는 순간 빚쟁이가 된다. 경기를 살린다는 명목으로 시장에 풀려난 엄청난 돈에 부동산 가격은 치솟는다. 여기에 과거에 없던 핀테크 기업들이 잠재 고객층의 구미에 맞는 상품을 적시에 선보인다. 전통 금융 기관이 할 수 있는 일은 수수료를 낮추는 것뿐이다. 미국 금융계에서는 이미 수수료 전쟁이 벌어지고 있다. 피델리티는 고지 선점을 위해 2018년 9월 무보수 펀드를 출시했다. 이른바 피델리티 제로 시리즈다. 해당 펀드는 출시되자마자 큰 성공을 거뒀으나, 수수료 전쟁을 종결시키지는 못했다. 마이너스 수수료 펀드가 등장했기 때문이다. 금융 서비스를 제공하고 수수료를 받는 것은 이미 과거의 일이다. 전통 자산 시장에서 수수료를 받을 수 없다면,

새로운 시장을 개척해야 한다. 피델리티는 그 새로운 시장이 디지털 자산 시장이 될 것으로 확신하고 있다.

피델리티 디지털 애셋은 기관 투자자들의 암호 화폐 수탁 서비스에 그치지 않고 직접 중개업을 하겠다고 발표했다. 비트코인을 비롯한 다양한 암호 자산을 중개하는 과정에서 높은 수수료 수익을 올릴 수 있기 때문이다. 증권형 토큰 시장에 대한 관심도 여러 차례 내비쳤다. 장기적으로 펀드를 대체할 새로운 투자 수단을 찾기 위한 것이다. 실제로 주식, 채권 부동산 등이 토큰화되고, 여기에 투자할 수 있는 새로운 토큰이 곧 등장할 전망이다. 이러한 토큰을 투자 토큰investment token이라고 부른다.

피델리티뿐 아니라 다양한 금융 기관들 역시 디지털 자산 금융 상품 출시를 위해 분주하다. 글로벌 회계 법인 프라이스워터하우스쿠퍼스PwC는 400여 명의 디지털 자산 전문가를 채용, 디지털 자산 회계 서비스를 개발하고 있다. 딜로이트Delloite, KPMG, 언스트앤영EY 역시 마찬가지다. 디지털 자산 금융 상품으로 촉발될 새로운 먹거리를 선점하려 하는 것이다. 국내 최대 은행인 KB국민은행도 디지털 자산 수탁 비즈니스 론칭을 준비 중이다. 디지털 자산 금융 상품 중개(브로커리지) 경쟁도 본격화하고 있다. 미국 톱5 브로커리지 기업 가운데 세 곳(피델리티인베스트먼트, TD아메리트레이드, 이트레이드)은 이미 비트코인 선물 중개 서비스를 제공하고 있다. 고객 수는 3500만 명에 달한다. 똑똑하고 민첩한 금융 공룡들은 황폐해진 서식지를 떠나 다음 목표를 향해 돌진 중이다.

플랫폼 기업들의 네트워크 자산 독식과 프라이버시 침해를 둘러싼 전 세계적 우려 역시 새로운 디지털 자산으로 해소될 수 있다. 이제 플랫폼 기업들은 편리성은 물론이고 경제적인 보상도 제공해야 한다. 게다가 모든 데이터의 프라이버시는 철저히 보호되어야 한다. 플랫폼 내의 가치 이동은 완전히 투명하게 이뤄져야 한다. 생산자와 소비자의 참여 역시 독려해야 한다. 이와 같은 상황을 고려할 때 답은 하나다. 바로 탈중앙화를 지향하는 분산형 플랫폼으로 전환해 플랫폼 내에서 통용될 수 있는 자체 토큰을 발행하는 것이다. 보상을 달러와 같은 법정 화폐로 제공할 경우 참여자들을 플랫폼에 가두기lock-in가 어렵다. 자체 플랫폼 내에서만 온전히 그 가치를 누릴 수 있는 토큰이 효과적이다.

수많은 참여자들을 보유하고 있는 대형 플랫폼들은 보상으로 제공하는 토큰의 쓰임새를 다양화할 수 있다. 또한 민간 회사의 특성상 거둬들인 수익의 일정 부분을 토큰 보유자들에게 혜택으로 제공할 수 있다. 이는 곧바로 토큰의 경쟁력으로 연결된다. 대표적인 사례가 바로 페이스북의 리브라Libra다. 리브라 사용자들은 페이스북 플랫폼에 올라 있는 수많은 공급자들의 재화 및 서비스를 편리하게 구매할 수 있다. 리브라 네트워크상의 공급자들은 리브라 사용자들이 많아질수록 규모의 경제 논리에 입각해 다양한 혜택을 줄 수 있게 된다. 이는 다시 리브라의 사용 수요를 자극한다.

JP모건이 런칭한 JPM코인 플랫폼 역시 동일한 작동 원리를 따른다. JP모건은 이미 구축해 놓은 금융 플랫폼의 수익성을 극대화하겠다는 의도다. 결국 플랫폼을 갖고 있는 기업은 자체 토큰을 발행하는 것이 유리하다. 가까운 미래에 글로벌 플랫폼 기업들의 자체 암호 자산 발행이 증가할 것으로 예상하는 이유다. 업종을 막론하고 일회성 재화와 서비스를 제공하는 비즈니스 모델은 살아남을 수 없다. 낡은 플랫폼 모델도 마찬가지다. 이제는 디지털 자산 시장과 밀접하게 연결된 플랫폼만이 살아남을 것이다.

임동민은 2006년 동부증권에서 시작해 2009년 KB투자증권을 거쳐, 2012년부터 교보증권에서 거시 경제와 금융 시장을 분석하고 있는 이코노미스트다. 전 세계가 구조적 장기 침체기에 진입하는 가운데, 포용적 경제와 디지털 대전환이 구조 개혁의 방향과 도구가 되고, 블록체인 암호 화폐 네트워크가 시장과 정부를 보완할 원동력이 될 것으로 전망한다.

2

구조적 장기 침체와
디지털 대전환

구조적 장기 침체

2008년 9월 리먼브라더스Lehman Brothers가 파산한 금융 충격 이후, 글로벌 경제는 갈수록 침체되고 있다. 2010~2012년 유로존 재정 위기, 2013~2014년 신흥국 취약성 위기, 2015~2016년 산유국 위기, 2016년 브렉시트와 미국의 트럼프 대통령 당선, 2018~2019년 미·중 무역 분쟁 등 경제 위기와 불확실성이 끊이지 않았다. 10여 년이 지난 지금은 일자리 문제가 가장 심각하다.

2013년 11월 열린 IMF 콘퍼런스에서 경제학자 로런스 서머스Lawrence Summers는 미국과 전 세계 경제가 구조적 장기 침체secular stagnation에 진입했다고 진단했다.[1] 구조적 장기 침체는 1938년 하버드대학교 교수였던 앨빈 한센Alvin Hansen이 처음 주장한 가설이다. 구조적 장기 침체 시기에는 경기 회복세가 약하고 초기에 사그라든다. 불황은 스스로 증식해서 해소하기 어려운 실업으로 이어진다. 대공황이라는 거대한 충격 이후 인구 증가율 하락 및 기술 정체로 잠재 성장률이 지속적으로 하락하고, 결국 미국 경제는 만성화된 경기 침체에 진입하게 될 것이라는 주장이었다. 서머스는 현재 경제 상황을 역사상 가장 크고 길었던 불황인 대공황과 유사하다고 진단하고 있는 것이다.

2014년에는 구조적 장기 침체를 둘러싼 논의가 확산되었다. 서머스를 비롯해 폴 크루그먼Paul Krugman, 배리 아이켄그린Barry Eichengreen, 올리비에 블랑샤르Oliver Blanchard 등 20여 명의 저명한 경제학자들이 모여 〈구조적 장기 침체: 현상, 원인 그리고 치유Secular Stagnation: Facts, Causes and Cures〉[2]라는 분석 보고서를 발표했다. 이들의 분석은 크게 세 가지로 요약된다. 첫째, 구조적 장기 침체로 인구 증가, 교육 수준, 기술 발전 및 총요소 생산성을 이루는 요인들이 정체 상태에 머물러 잠재 성장률이 하락하고, 실제 성장률은 이에 못 미치게 된다. 둘째, 구조적 장기 침체는 노동, 자본 및 기술 등의 생산성 하락, 특히 노동 생산성의 하락과 고용 축소로 노동 소득 분배율이 낮아지고 만성적인 수요 부족이 나타나면서 비롯된다. 셋째, 구조적 장기 침체는 일반적 경기 침체와 달라서 완전 고용, 저축과 투자의 균형을 이루기 위해서는 마이너스 금리가 필요하다. 그러나 구조적 장기 침체기에는 낮은 인플레이션과 정책 금리의 제로 하한으로 인해 마이너스 금리 정책을 도입하기가 쉽지 않다. 특히 전통적인 통화 정책으로 완전 고용에 충분한 성장과 물가 안정 및 재정 안정을 동시에 달성하는 것은 불가능하다. 따라서 구조적 장기 침체를 치유하기 위해서는 전면적인 통화 확대 및 재정 확대 정책이 필요하다.

2008~2009년 이후 10여 년간 글로벌 경제가 처한 환경이 바로 구조적 장기 침체다. 그러나 국가의 과잉 부채와

재정 적자 확대로 인해 확장적인 재정 정책을 쓰기도 어려운 상황이다. 구조적 장기 침체의 압력 앞에 그야말로 속수무책인 상황이다.

구조적 장기 침체의 근본적인 원인은 총요소 생산성 하락이다. 기업은 노동, 자본, 기술을 투입해 재화와 서비스를 산출하게 되는데, 생산성 향상 효과는 기술, 자본, 노동 순으로 높다. 최대 생산을 위한 최적의 생산 요소 투입과 소득 분배 역시 기술, 자본, 노동 순으로 진행된다. 고용 축소와 노동소득 분배율 하락은 자명하다. 4차 산업혁명으로 인한 고용의 위기는 예정된 미래다.

정보 및 인터넷 혁명이라 불리는 3~4차 산업혁명은 소비자에게는 광범위한 혜택을 준다. 그러나 생산자의 경우에는 기술을 보유한 소수만 혜택을 얻는다. 에드워드 글레이저 Edward Glaser 하버드대학교 경제학과 교수는 혜택을 얻는 소수의 생산자로 구글과 페이스북을 지목하면서 구조적 실업secular joblessness을 경고한다. 향후 빅데이터, 사물인터넷IoT, 인공지능AI, 로보어드바이저robo-advisor 등 정보와 로봇 기술이 산업화되는 시기의 생산자 혜택은 더욱 축소될 것이다. 일자리를 놓고 인간과 로봇이 경쟁하게 되는 시대는 로보칼립스(로봇과 종말을 뜻하는 라틴어 아포칼립스의 합성어)와 구조적 실업이라는 어두운 미래를 예견하게 하고 있다.

구조적 장기 침체는 금융 측면에서는 금리 하락 현상으로 나타난다. 크루그먼은 미국의 실질 금리가 1980년대 5퍼센트에서 1990년대 2퍼센트, 2000년대에는 1퍼센트대로 하락했고, 2008년 이후에는 -1퍼센트대로 하락했다고 주장한다.[3] 구조적 침체를 벗어나기 위해서는 마이너스 실질 금리 상태가 되어야 한다. 마이너스 실질 금리는 명목 금리보다 인플레이션이 높은 상태다. 이렇게 되면 가계는 소비를, 기업은 투자를 늘리는 선택을 한다. 그런데 지금처럼 인플레이션이 0~1퍼센트에 머무르는 상태에서 실질 금리가 마이너스가 되기 위해서는 명목 금리가 제로 또는 마이너스가 되는 수밖에 없다. 이른바 제로 금리 하한zero lower bound 문제가 발생하는 것이다.

이에 따라 마이너스 금리 시대가 도래하고 있다. 유럽중앙은행ECB은 2014년 6월부터 마이너스 금리 정책을 도입하고 2019년 9월 예치 금리를 -0.4퍼센트에서 -0.5퍼센트로 인하했다. 일본 역시 2016년 1월 단기 기준 금리 목표 수준을 0.0퍼센트에서 -0.1퍼센트로 인하하며 아시아에서 유일하게 마이너스 금리를 도입하고 있다. 마이너스 금리는 금리가 0퍼센트 이하인 상태로 고객은 예금이나 채권에 대해 이자를 받는 것이 아니라 보관료 개념의 수수료를 부담하게 된다.

유럽과 일본의 마이너스 금리 도입으로 영국, 미국을 제외한 선신국 국채 금리는 일제히 마이너스 영역으로 하락했다. 2019년에는 독일에서 사상 최초의 마이너스 금리 국채가 발행되었다. 구조적 장기 침체 압력과 자연 이자율이 하락하는 상황에서 마이너스 국채 금리가 플러스로 전환되기는 어렵다. 대표적 안전 자산인 국채의 마이너스 금리, 감가상각depreciation의 시대가 시작된 것이다.

현대 통화 이론과 중앙은행 디지털 화폐

마이너스 금리는 양날의 검이다. 돈을 빌려줄 때 이자를 지급해야 하므로 돈을 빌리는 사람에게 유리하고, 돈을 빌려주는 사람에게 불리한 것은 당연하다. 문제는 이런 상황에서 돈을 빌려줄 수 있느냐는 것이다. 이것이 존 메이너드 케인스John Maynard Keynes가 설명한 유동성 함정liquidity trap이다. 제로 금리, 또는 마이너스 금리 상황에서 사람들은 이자가 없거나 비용을 내야 하는 채권보다는 현금을 선호한다. 현금에 대한 수요가 확대되고 화폐의 가격이 오르면 디플레이션이 나타날 수 있다. 케인스는 유동성 함정에서 벗어나기 위해서는 과감한 재정 정책을 펴야 한다고 주장했다.

이와 관련해 최근 현대 통화 이론MMT·Modern Monetary Theory이 미국 경제학계와 금융 시장에서 주목받고 있다. 정부의 지출이 세수를 넘어서면 안 된다는 주류의 이론과는 달리 화폐를 지속적으로 발행해 경기를 부양해야 한다는 이론이다. 정부는 화폐 시장의 단순 참여자가 아니라 공급자 역할을 한다. MMT가 급부상한 계기는 2016년 미 대선이었다. 민주적 사회주의자인 버니 샌더스Bernie Sanders가 수석 경제 자문으로 MMT 진영의 스테파니 켈턴Stephanie Kelton 교수를 영입한 것이다. 켈턴은 샌더스 진영 경제 정책의 입안과 비전 수립에 가장 큰 영향을 미쳤다.[4]

MMT에서 국가의 역할은 세금을 징수하고 공공 서비스를 제공하는 것이다. 여기까지는 주류 이론과 같다. 그러나 MMT에서 국가는 원초적인 통화 공급자의 역할을 한다는 점에서 통화 수요자인 기업, 가계와 구분된다. 정부의 발권력이 중앙은행을 통해 실행되고, 민간 경제에 통화가 공급된다. 기업과 가계는 경제 활동 이후 국가 화폐로 세금을 지불한다. 이러한 메커니즘에서 국가의 통화 발행 및 공급은 재정 수입 이전에 진행된다. 주류 이론에서 재정 정책의 자금 조달은 균형재정이 원칙이지만, MMT에서 재정 정책의 자금 조달은 정부의 발권을 통해 전개되며 자국 통화로 표시된 정부 부채에 대한 채무 불이행은 발생하지 않는다. MMT를 지지하는 학자들은 고용 창출이 부진할 때, 정부가 적자 재정을 편성해 완전고용을 달성할 때까지 재정 정책을 사용해야 한다고 제안한다. 경제가 완전 고용에 도달하고 국가 경제에서 인플레이션이 발생할 경우 세금 인상 및 채권 발행으로 초과 유동성을 흡수한다. MMT는 아직 논란의 여지가 있는 이론임에는 분명하다. 그러나 균형 재정론에 입각한 재정 정책의 한계를 뛰어넘는 프레임워크의 전환이 필요하다는 점에서 MMT 이론의 연구, 실행에 대한 요구는 높아지고 있다.

MMT는 2020년 미국의 대선, 그리고 브렉시트를 둘러싸고 언제든지 진행될 수 있는 영국 총선에서 지속적인 화두로 자리 잡을 전망이다. 미국 민주당 유력 주자인 샌더스, 엘리자베스 워런Elizabeth Warren 등의 경제 정책이 MMT에 기반하고 있다. 영국 노동당 지도자인 제러미 코빈Jeremy Corbyn도 MMT를 검토하고 있다.

주류 경제학에서 상정하는 정부는 가계와 기업 등 민간의 경제 주체와 같은 역할을 한다. 국가도 공공 서비스를 제공하는 경제 주체로 재정 지출을 하기 위해서는 재정 수입을 거둬야 하며, 기본적으로 균형 재정을 추구해야 한다. 다만 현재와 같이 국가의 부채가 많고 재정 적자가 큰 상황에서 균형 재정론을 고집할 경우 확장적인 재정 정책을 펼 수가 없다. 역설적인 상황은 대부분의 주류 경제학자들이 현재의 유동성 함정을 벗어나기 위해서는 확장적인 재정 지출이 필요하다고 주장한다는 것이다. MMT는 이러한 주류 이론의 재정 정책 프레임을 뒤집고 있다.

중앙은행 디지털 화폐CBDC·Central Bank Digital Currency는 MMT

를 구현하는 수단이 될 수 있다. 디지털 금융 인프라가 잘 갖춰진 국가에서 현금의 사용은 줄고 있다. 동시에 비트코인 등 민간 암호 화폐가 중개자 없는 P2P 분산 원장 기술을 바탕으로 부상하게 되면서 중앙은행도 암호학과 디지털 기술을 사용해 전자 화폐를 발행하고 운용하려 하고 있다.

중앙은행들이 CBDC를 검토하는 이유는 통화 정책의 효율성 개선과 지급 결제의 혁신을 기대할 수 있기 때문이다. 우선 통화 정책 측면에서는 CBDC를 민간에 직접 발행하고 CBDC에 직접 이자를 지급하거나 부과해 통화량을 적극적으로 조절할 수 있다. 지급 결제 측면에서는 중앙은행의 공신력을 바탕으로 한 안정성을 갖춘 편리한 결제 수단이 될 수 있다.

ICO는 MMT, CBDC와 비교할 수 있다. ICO는 블록체인 기반의 플랫폼이나 애플리케이션 서비스를 제공하기 위해 자금을 모아 프로젝트를 진행한다. 정부가 국민에게 공공 서비스를 제공하기 위한 재정 지출 자금을 조달하는 MMT와 비슷한 구조다. ICO 프로젝트는 토큰 이코노미token economy의 원리로 코인을 발행해 운영된다. 중앙은행이 통화를 발행하고, 운영하는 CBDC의 원리와 유사하다. 균형 재정론이나 자본주의 원리로 국가의 공공 서비스나 탈중앙화된 블록체인 프로젝트에 필요한 자금을 조달하기는 어렵다. 따라서 MMT와 ICO와 같은 자금 조달 구조가 필요한 것이다. 제대로 설계·운영되지 않으면 재정이 파탄나거나, 화폐 가치가 급락할 위험이 있다는 점 역시 비슷하다.

블록체인 5.0

달라지는 산업 구조, 경제 체제와 함께 주목받고 있는 디지털 화폐의 출발점은 10여 년 전으로 거슬러 올라간다. 2008년 10월 31일 뉴욕 시간 오후 2시 10분, 암호학 전문가 및 아마추어 등 관련자 수백 명이 사토시 나카모토에게서 이메일 한 통을 받았다. "저는 신뢰할 만한 제3자 중개인이 전혀 필요 없는, 완전히 당사자 간 일대일로 운영되는 새로운 전자 통화 시스템을 연구해 오고 있습니다"라는 간결하고도 담담한 메시지가 적혀 있었다. 그는 이 문구와 더불어 9쪽짜리 보고서를 다운받을 수 있는 링크를 보냈다. 새로운 통화 시스템의 이름은 비트코인이었다.[5]

비탈릭 부테린Vitalik Buterin은 비트코인의 분권화된 신뢰 프로토콜에 매료되어 비트코인에 대한 글을 썼고 비트코인 진영에서 일하기도 했다. 그러나 비트코인의 핵심 프로토콜은 '강력하면서 사용자 친화적인 APIApplication Programming Interface를 만들기에는 너무 까다롭다고 생각했다. 그의 솔루션은 모든 형태의 계약과 분산 애플리케이션을 설치할 수 있는 개방형 플랫폼으로 기능하는 완벽하게 재설계된 다용도의 분산

형 블록체인 이더리움이었다. 부테린은 "우리는 암호 화폐계의 안드로이드가 되기를 희망한다"고 했다.[6]

비트코인과 이더리움은 2008~2019년까지 각각 블록체인 1세대, 블록체인 2세대로 불린다. 비트코인은 '개인 간 전자 화폐 시스템'[7], 이더리움은 '차세대 스마트 컨트랙트와 탈중앙화된 애플리케이션 플랫폼'[8]을 지향한다. 2020~2030년에는 블록체인 3~4세대가 개막할 것이다. 페이스북의 리브라는 '전 세계적으로 통용 가능한 간편한 형태의 화폐와 수십억 명의 사람들에 대한 금융 인프라 제공'[9]을 목표로 삼는다. 중국 CBDC 백서는 아직 나오지 않았지만 '중국을 넘어 전 세계에서 통용되는 디지털 위안화의 제공'을 제시할 것으로 보인다.

블록체인 1~2세대의 특징은 공개형 블록체인, 가치 변동형 암호 자산, 탈중앙화 거버넌스였다. 3~4세대의 특징은 허가형 블록체인, 가치 안정형 암호 자산, 중앙화 거버넌스가 될 것이다. 블록체인 1~2세대에서는 응용 프로그램의 상당 부분을 변경하지 않고 시스템을 확장하는 확장성scalability 문제가 과제였다면, 3~4세대에서는 중앙화 거버넌스를 극복하는 것이 도전 과제가 될 것이다. 불과 20여 년 만에 형성된 블록체인 1~4세대의 광범위한 네트워크 생태계에서 그 어느 때보다 치열한 경쟁과 융합의 시대가 시작될 전망이다.

페이팔의 최고운영책임자인 빌 레디Bill Ready의 전망은 미래를 예견하는 데에 도움이 된다. 그는 4차 산업혁명 시대를 맞이하면서 나타날 금융 서비스의 변화를 다음과 같이 예견했다.

"인공지능, 기계 학습 및 자동화, 인터넷 기반 기술, 플랫폼의 확산 등으로 점점 더 많은 기업의 수입원이 달라지고 있고, 이에 따라 사람들이 일하고 생계를 유지하는 방식에도 근본적인 변화가 일어나고 있다. 현재의 금융 서비스는 주로 안정적인 직장에 다니면서 오전 9시에서 오후 5시까지 일하는 근로자들을 위해 설계되었다. 예를 들어, 지출, 저축 및 자산 관리 시스템은 격주로 안정적인 소득이 발생한다는 가정에 기초하고 있다. 그러나 돈 버는 방식이 달라지면 돈을 쓰고 관리하는 방식도 함께 바뀌어야 한다. 소득 변동성이 커지고, 재훈련 및 은퇴 준비와 관련한 개인의 책임이 늘어난 새로운 세대의 재무 건강을 위한 노력이 필요하다."

레디는 미래의 노동 시장 변화와 관련해 네 가지 변화를 촉구하고 있다. 첫째, 온라인 플랫폼 경제가 급속도로 성장하고 있으며, 플랫폼 경제에 종사하는 근로자들의 요구를 충족할 새로운 금융 도구가 필요하다. 둘째, 자동화, 기계 학습 및 인공지능으로 소득의 변동성과 불확실성은 더욱 커질 것으로 예상된다. 새로운 유형의 신용, 저축 상품 등을 제공할 필요가 있다. 셋째, 소득 창출을 위해 기업가 정신의 중요성이 점점 커지고 있다. 사업 시작을 돕는 자금의 신속한 지원, 사업

운영을 돕는 재무 관리 툴tools과 소득 변동성을 줄일 수 있는 신용 상품이 필요하다. 넷째, 밀레니얼 세대는 직업 유연성이 높다. 그리고 이 세대가 가장 선호하는 금전 관리 수단은 디지털 도구이다. 이들을 위한 강력한 디지털 금융이 필요하다.[10]

지속 가능한 경제

1989년 독일의 베를린 장벽이 붕괴되고, 1991년 소련이 해체되면서 정치적으로는 자유민주주의가, 경제적으로는 시장 경제와 자본주의가 승리했다. 그러나 30여 년이 지난 지금, 시장 경제와 자본주의에 대한 의문은 커지고 있다. 우선 시장 경제 체제의 패권 국가였던 영국과 미국의 리더십이 불안해지고 있다. 2008년 글로벌 금융 위기 이후에는 유례없는 정부 개입이 전개되었다. 미국과 중국을 포함한 많은 국가가 엄청난 규모의 감세, 재정 확대를 단행했다. 중앙은행들은 제로 수준으로 금리를 인하하고, 양적 완화로 정부보다 더 많은 돈을 시장에 퍼부었다. 그러나 글로벌 경제는 오히려 악화되고 있다. 대표적으로 미국에서 소득 격차는 1929년 대공황 이전 수준으로 확대되었다. 경제적 불안은 정치, 사회적 불안으로 전염되고 있다.

주주 자본주의도 문제를 낳고 있다. 주주 자본주의에 따르면 기업 경영의 목표는 기업의 주인인 주주 가치 극대화다.

경영자의 책무는 단순하다. 매출은 늘리고, 비용은 줄여 이윤을 확대하는 것이다. 주주 자본주의의 장점은 기업의 지배 구조, 의사 결정, 경영 활동의 목적이 주주 가치로 일원화되면서 빠르고 효율적인 경영을 할 수 있다는 점이다. 그러나 기업이 주주 가치 극대화에만 초점을 맞추게 되면 임식원과 채권자 등 직접적 이해관계자, 고객, 협력사, 지역 사회 및 국가 등 간접적 이해관계자들의 여건을 간과하게 된다. 이는 기업의 사회적 필요와 가치에 반할 뿐만 아니라 심지어 매출 감소로 이어져 기업 가치와 주주 가치를 떨어뜨리는 요인이 된다.

모바일 인터넷 플랫폼 비즈니스의 등장은 기업 가치 형성 요인에 큰 변화를 가져왔다. 주주와 투자자와 경영진의 의사 결정보다 임직원, 고객 등이 자발적으로 제공하는 경제 활동에 따라 가치가 형성되기 때문이다. 전 세계에서 가장 큰 SNS 기업 페이스북의 시가 총액은 5500억 달러에 이른다. 페이스북의 핵심 자산은 마크 저커버그Mark Zuckerberg가 만든 알고리즘이 아니라, 전 세계 24억 명 유저들의 네트워크다. 공유 승차 플랫폼 기업 우버의 시가 총액은 480억 달러다. 우버의 핵심 자산은 트래비스 캘러닉Travis Kalanick의 아이디어가 아니라 개인 소유의 승용차로 서비스를 제공하는 드라이버들이다.

페이스북과 우버가 주주 자본주의에 머무르는 것이 합당할까? 개인 대주주인 저커버그와 캘러닉을 페이스북과 우버의 주인으로 인정할 수 있을까? 페이스북 네트워크와 우버 플랫폼에서 자발적으로 형성되는 핵심 자산의 가치는 공유되어야 한다. 이는 선언적인 의미에 그치지 않는다. 만약 페이스북과 우버에서 형성되는 가치가 특정 주주에 집중된다면 자발적인 참여자들은 핵심 자산을 제공하려 하지 않을 것이다. 이러한 조짐은 이미 나타나고 있다.

주주 자본주의 문제는 플랫폼 기업에서만 나타나는 것은 아니다. 지구상의 모든 기업들은 네트워크로서의 성격을 갖고 있다. 수많은 참여자, 직간접적 이해관계자들의 크고 작은 활동들이 집합되어 있는 네트워크 조직을 주주 자본주의라는 단순한 지배 구조 이론으로 운영할 수 있을까?

우리는 우리의 세계를 안전하고, 자발적이고, 분산되어 있고, 포용적이며 지속 가능한 방식으로 재조직해야 한다. 블록체인과 암호 자산 패러다임의 본질은 바로 이것이다. 블록체인과 암호 자산은 단순한 분산 원장, 분산 거래 기술이 아니다. 우리는 블록체인과 암호 자산이라는 가치 중립적 기술을 이용해서 부조리한 체제에 순응하거나, 폭력적으로 저항하지 않고 혁신과 개혁에 적극적으로 참여할 수 있다. 이런 측면에서 블록체인과 암호 자산은 정치, 경제, 사회 혁명의 움직임이다.

한중섭은 증권사에서 IT 산업을 담당하는 애널리스트였다. '가치의 인터넷'이라 불리는 블록체인이 금융의 패러다임을 바꿀 것이라 생각하고 있다. 신기술과 인문학에 관심이 많으며 저서로는 《비트코인 제국주의》 등이 있다. 유튜브와 SNS에서 〈21세기 살롱〉이라는 채널을 운영한다.

3 비트코인의 잠재력

디지털 금 비트코인

새롭고 낯선 개념을 쉽게 이해하기 위해서는 기존의 익숙한 개념을 활용할 필요가 있다. 예를 들어 자동차가 처음 등장했을 때 사람들은 검은 연기를 내뿜는 기괴한 고철 덩어리의 진가를 제대로 파악하지 못했다. 자동차는 별난 괴짜들의 장난감 이상도 이하도 아니라는 혹평을 받았다. 그러나 '말 없는 마차'라는 명칭이 공감대를 얻고 편의성이 입증되자 사람들은 마차 대신 자동차를 찾기 시작했다.

비트코인을 이해하는 데에도 친숙한 개념이 필요하다. 작업 증명 알고리즘, 암호화 키, 채굴, 지갑 주소, 분산 원장 등 복잡한 비트코인의 메커니즘을 이해하는 것은 어렵다. 비트코인을 쉽게 이해하고 수용하기 위해서는 기존에 존재하는 개념을 활용해야 한다. 현재 블록체인 커뮤니티에서 가장 광범위한 지지를 얻고 있는 표현은 '디지털 금'이다. 가치를 저장하는 기능을 하는 금이 디지털 형태로 구현된 것이 비트코인이라는 것이다. 실제로 희소성과 헤지hedge 기능이 있고, 특정 주체가 통제하지 않는 자산이라는 점에서 비트코인은 금과 유사하다. 흥미로운 것은 블록체인 커뮤니티뿐 아니라, 니얼 퍼거슨Niall Ferguson, 폴 크루그먼 같은 세계적인 학자들 역시 비트코인이 디지털 금이 될 가능성을 열어 두고 있다는 점이다.

그렇다면 비트코인이 금과 같은 안전 자산으로 기능할

수 있을까? 비트코인은 높은 가격 변동성으로 인해 아직 금, 달러, 엔, 미국 국고채 등과 같은 전통적인 안전 자산 리스트에 포함되지 않는다. 그러나 과거의 사례는 흥미롭게도 비트코인이 대안적 안전 자산으로 기능할 수 있음을 보여 준다. 특히 금융 인프라가 열악하고 치안이 불안한 국가에서 비트코인은 환 헤지, 인플레이션 헤지 기능을 하며 금과 같은 역할을 수행했다. 키프로스 사태, 그렉시트, 브렉시트, 미·중 전쟁 등 금융 시장의 불확실성이 커질 때마다 비트코인의 가격은 상승했다. 이는 글로벌 리스크 헤지 수단으로서의 잠재력을 보여 주는 사례다.

지역에 따라 비트코인은 더 높은 가격에 거래되기도 한다. 2019년 3월 이후 홍콩에서는 반反중국 시위가 격화되고 있다. 홍콩 시민들은 주권을 억압하는 정부에 팽팽하게 맞서고 있고 긴장감이 고조됨에 따라 무력 충돌이 발생하기도 한다. 생필품 사재기 현상이 발생하고 있고 ATM의 현금이 동나고 있다. 최악의 경우, 은행 계좌가 동결될지도 모른다. 이러한 상황에서 홍콩 시민들이 중앙 정부의 통제를 받지 않는 비트코인에 관심을 기울이는 것은 당연하다. 불안한 정세로 인해 홍콩 장외 시장에서 비트코인은 2019년 10월 기준 국제 시세 대비 2~4퍼센트 높은 가격에 거래되고 있다.

홍콩만이 아니다. 2019년 9월 디폴트 위기에 몰린 아르헨티나 정부는 외환 통제를 실시했다. 아르헨티나 기업은 단순 보유 목적으로 외화를 사들일 수 없고, 무역을 위해 외화를 외국에 보내기 위해서는 중앙은행의 허가를 받아야 한다. 일반인은 최대 1만 달러 범위 내에서만 외환을 거래할 수 있다. 아르헨티나는 2019년 기준 43.7퍼센트로 추정되는 극심한 인플레이션에 시달리고 있는데, 외환 통제 조치는 정부가 무가치한 폐소화 사용을 장려함으로써 사실상 기업과 시민들의 재산을 강탈하는 것이다. 이러한 환경 속에서 비트코인에 대한 인기는 높을 수밖에 없다. 2019년 11월 현재 아르헨티나에서 비트코인은 국제 시세 대비 20퍼센트 이상 높은 가격에 거래되고 있다.

자신의 재산을 지키기 위해 웃돈을 주고 비트코인을 구매하는 현상을 대다수의 한국인들은 아마 쉽게 납득하기 어려울 것이다. 왜냐하면 우리는 실생활에서 비트코인의 효용을 거의 느끼지 못하기 때문이다. 한국은 튼튼한 경제, 투명한 정치 사회 구조, 시민의 사유 재산권, 안정적인 치안이 보장된 비교적 살기 좋은 국가다. 시장의 불확실성이 고조되면 대부분의 한국인들은 전통적인 안전 자산으로 취급되는 금, 국고채, 달러, 부동산 관련 상품에 자유롭게 투자할 수 있다. 홍콩이나 아르헨티나 시민들과 달리, 한국인들은 절박한 심정으로 비트코인을 구매할 필요가 없다.

그러나 전 세계 모든 사람들이 우리처럼 유리한 입장에 놓여 있는 것은 아니다. 비단 홍콩이나 아르헨티나뿐 아니라, 이미 경제가 망가진 베네수엘라, 짐바브웨 등에서는 비트코인이 안전 자산으로 취급받고 있다. 이 국가들의 법정 화폐 가치는 아주 불안정하다. 시민들은 더 이상 정부가 찍어 낸 돈을 믿지 않는다. 오히려 국경을 초월한 네트워크에 기반한 비트코인을 더욱 신뢰한다.

생각보다 많은 사람들이 힘들게 모은 재산을 잃을 위험에 노출되어 있다. 전 세계 17억 명의 사람들은 은행 계좌가 없고, 수준 높은 금융 서비스를 이용할 수 없다. 비민주적인 정권이 집권하는 경우, 국가가 폭력적인 방식으로 시민들의 재산을 강탈할 수도 있다. 이런 사람들에게 비트코인은 새로운 가능성을 제시하고 있다. 비트코인은 몰수가 쉽지 않고, 국경을 초월한 가치 전달이 용이하며, 개인의 경제적 자주성을 고양하는 글로벌 리스크 헤지 수단인 디지털 금이다.

비트코인이 무가치하다고 말하는 사람들에게

돈은 추상적이다. 그 가치는 사회적 합의에서 비롯된다. 우리가 가치 있다고 믿는 것들은 모두 사회적 합의에 기반한 가상의 징표에 불과하다. 가령 원숭이에게 금과 바나나 중 하나를 택하라고 했다면 바나나를 집을 것이다. 그러나 인간은 금을 선택한다. 원숭이와 달리, 인간은 바나나보다 금에 훨씬 높은 경제적 가치가 있다는 사회적 합의를 '믿기' 때문이다. 재화의 사용 가치에만 집중하는 동물과 달리 인간은 조개껍질, 곡식, 돌, 종이, 디지털 코드 같은 것들에 가치가 있다고 상상하는 능력이 있다.

비트코인도 마찬가지다. 비트코인의 가치는 분산화된 신뢰에 기반한 사회적 합의를 바탕으로 하고 있다. 실물 자산에 익숙한 사람들에게는 눈에 보이지 않는 비트코인을 금에 비유하는 이야기가 불편할 수도 있다. 실제로 비트코인에 대해 아무런 가치가 없는 쓰레기라고 원색적인 비난을 하는 사람들이 결코 적지 않다. 특히 기성세대는 비트코인을 폰지 사기Ponzi scheme(다단계 금융 사기)로 생각하는 경향이 있다.

필자는 비트코인이 무가치하다고 주장하는 사람들에게 1비트코인이 담긴 하드웨어 지갑과 바나나 중에 어느 쪽을 택하겠느냐고 묻고 싶다. 보통의 사람이라면 시장에서 880만 원 상당(2019년 10월 24일 기준)의 가치를 인정받는 비트코인을 택할 것이다. 물론 원숭이는 바나나를 택할 것이다.

따지고 보면 금이 상당한 경제적 가치를 지닌 자산으로 취급받는 것도 노란 돌덩어리에 가치가 있다는 사회적 합의가 있기 때문이다. 사회적 합의가 없다면 금은 단지 거추장스러운 돌덩어리에 지나지 않는다. 예컨대 16세기 아즈텍 사람들은 스페인 침략자들이 금에 집착하는 것을 도통 이해하지 못했다. 당시 아즈텍에서 금은 가치를 지닌 돈이라기보다는 장신구로 쓰이는 소비재에 가까웠던 것이다. 그러나 세계화가 진행되고 금 본위제가 시행되면서 금은 은과의 경쟁에서 이기고 세계적으로 인정받는 돈으로 자리매김했다.

물론 금과 비교한다면 인류 역사에서 비트코인이 차지하는 비중은 지극히 미미하다. 수천 년의 신뢰를 자랑하는 금과는 달리 비트코인이 세상에 등장한 지는 아직 10년 남짓밖에 되지 않았다. 그러나 노란 돌덩어리도 처음부터 경제적 가치를 지닌 자산으로 인정받았던 것은 아니라는 점을 강조하고 싶다. 금이 은, 구리, 후추, 소금 등과의 경쟁에서 이겨 지구상 최고의 가치 보존형 자산이 되기까지는 오랜 시간이 걸렸다. 마찬가지로 비트코인이 진정한 디지털 금으로 인정받으려면 상당한 시간이 걸릴 것이다.

비트코인 역시 서서히 사회적 합의로 이어지는 스토리를 만들어 나가는 중이다. 앞으로 비트코인 생태계가 계속해서 생존한다면, 관련 제도가 정비되고 신뢰할 만한 기업 및 정부가 비트코인을 취급하기 시작한다면, 비트코인을 실생활에서 사용하게 된다면, 비트코인은 보다 많은 사람들의 지지를 받게 될 것이다. 특히 글로벌 기업들의 비트코인 관련 시장 진출, 그리고 이와 관련한 규제의 정비는 앞으로 비트코인에 대한 신뢰를 강화하는 큰 역할을 하게 될 것이다. 시간은 비트코인의 편이다. 지금 이 순간에도 비트코인은 디지털 금으로 진화하고 있다.

밀레니얼, Z세대의 돈

1980~2000년대 초반에 출생한 밀레니얼 세대와 1990년대 중반~2010년대에 출생한 Z세대는 디지털 친화적이다. 인터넷이 대중화된 세계에서 태어난 이들은 디지털 기기 및 서비스를 다루는 것에 능숙하다. 모바일을 자신의 분신처럼 사용하는 밀레니얼과 Z세대를 보면 포노 사피엔스Phono Sapiens라는 표현이 와닿는다.

밀레니얼 세대와 Z세대는 백화점이나 마트 대신 온라인 쇼핑을, 소개팅 대신 온라인 데이팅 앱을, TV 대신 유튜브를, 사교 모임 대신 SNS를 한다. 이들은 은행 점포를 방문하지 않고 모바일 뱅킹으로 금융 관련 업무를 처리한다. 번거롭고 오랜 시간이 걸리는 은행보다는 터치 몇 번으로 결제, 송금, 대출, 신용 조회 같은 일을 처리하는 데 익숙하다.

돈을 바라보는 관점 역시 다르다. 밀레니얼과 Z세대는 눈에 보이지 않는 디지털 머니에 상대적으로 거부감을 덜 느끼는 편이다. 디지털 머니에 개방적인 밀레니얼과 Z세대가 베이비부머 세대보다 비트코인을 더 쉽게 수용하는 것은 당연한

이치다. 실제로 블록체인 전문 벤처 캐피털인 블록체인 캐피털이 2019년 실시한 조사에 따르면, 나이가 어릴수록 비트코인의 미래를 낙관하는 경향이 있다. 18~34세 응답자의 48퍼센트는 향후 10년 내로 대부분의 사람들이 비트코인을 사용할 것이라고 답했는데 이는 같은 생각을 가진 65세 이상 응답자의 비율이 15퍼센트에 그친 것과는 대조적이다. 향후 5년 내로 비트코인을 구매할 의사가 있다고 답한 응답자의 비율은 18~34세가 42퍼센트, 65세 이상이 8퍼센트였다.

디지털 친화적인 밀레니얼과 Z세대가 사고하고 행동하는 방식은 베이비부머 세대와는 완전히 다르다. 돈에 대한 정의 또한 다르다. 이들은 비트코인의 미래를 낙관한다. 향후 10년 안에 베이비부머 세대가 은퇴하고 밀레니얼과 Z세대가 주력 경제 활동 인구로 부상하면 비트코인의 지위는 어떻게 될까? 분명한 것은 디지털 머니가 등장할 것이고 비트코인은 이 과정에서 주요한 역할을 할 잠재력을 갖고 있다는 것이다.

비트코인 결제 혁신의 선구자들

월가와 실리콘밸리의 혁신가들은 비트코인을 단순히 투기성 자산으로 보는 것이 아니라, 돈의 패러다임을 바꿀 매개체로 보고 있다. 이들은 미래의 후손들에게는 디지털 머니가 돈이 될 것이고 비트코인이 역할을 할 것임을 믿고 있다. 비전을 실현하기 위해 이들은 용의주도하게 네트워크를 형성하며 때로는 은밀하게, 때로는 공공연하게 비트코인 결제 관련 사업을 추진하고 있다. 비트코인 결제 대중화 트렌드를 선도하는 글로벌 기업들은 다음과 같다.

스타벅스 - 백트

2018년 8월, 스타벅스가 뉴욕증권거래소를 보유한 인터컨티넨탈 익스체인지의 백트에 파트너로 참여한다고 했을 때 블록체인 커뮤니티는 비트코인으로 커피를 마실 수 있는 날이 올 것이라며 흥분했다. "스타벅스에서 비트코인으로 결제할 수 있다면 비트코인 사용이 활성화될 것"이라는 프레임은 여전히 지배적인 것 같다. 그러나 스타벅스는 훨씬 더 큰 그림을 그리고 있다. 바로 단순한 결제가 아닌 은행이다. 일반 은행들 대비 훨씬 저렴하고 빠른 해외 서비스를 제공하며 주말이나 밤에도 영업하는 글로벌 비트코인 은행.

왜 백트는 스타벅스를 리테일 파트너로 선택했을까? 왜 맥도날드나 월마트가 아니고 스타벅스일까? 해답은 스타벅스 앱에 있다. 소비자들은 스타벅스가 제공하는 쿠폰과 편리한 서비스 때문에 스타벅스 앱을 이용한다. 스타벅스는 각종 프로모션을 통해 자동 충전을 유도하고, 자주 스타벅스 커피를 마시는 충성도 높은 소비자들은 기꺼이 돈을 예치한다. 월스트리트저널과 S&P 글로벌 마켓 인텔리전스 조사에 의하면, 2016년 스타벅스의 예치금은 12억 달러로 미국의 웬만한 중소 은행 예치금보다 큰 규모다. 놀라운 것은 예치금뿐만이 아니다. 미국에서 가장 많은 사용자를 보유한 모바일 결제 업체는 애플, 구글, 삼성이 아니라 스타벅스다.

전 세계에 지점이 깔려 있는 스타벅스는 다양한 통화로 쌓이는 자사의 예치금 데이터를 들여다보며 어떻게든 은행 비즈니스를 도입해 이를 수익화하고 싶을 것이다. 그러나 통화의 다양성 및 은행의 로컬화 경향은 스타벅스의 자본과 글로벌 인프라를 활용하는 데 제약으로 작용한다. 이를 어떻게 풀 수 있을까? 답은 비트코인이다.

실제로 스타벅스는 2018년 10월 아르헨티나 현지 은행과 제휴를 맺고 스타벅스 은행 지점을 오픈했다. 법정 화폐 가치가 불안정하고 금융 인프라가 낙후된 중남미, 동남아, 아프리카 같은 곳은 스타벅스의 타깃이 될 가능성이 크다. 2018년 10월, 백트는 일반 소비자를 대상으로 디지털 자산 결제를 지원하는 앱을 2020년 상반기에 출시할 것이라고 밝혔다. 결제 앱 최초의 파트너는 스타벅스다. 백트는 자사의 비트코인 커스터디custody(수탁)를 활용해 오프체인(블록체인에 기록하는 것이 아닌 독립된 외부 원장에 기록) 결제 솔루션을 활용할 것으로 예상된다. 2020년은 비트코인 결제의 원년이 될 것이다. 스타벅스를 시작으로 점점 더 많은 대형 상점들이 비트코인 결제를 받아들이게 된다면, 10년 후에는 일상생활에서 비트코인이 자연스럽게 활용될지도 모른다.

트위터 - 스퀘어

트위터와 스퀘어를 경영하고 있는 CEO 잭 도시Jack Dorsey는 비트코인 예찬론자로 유명하다. 그는 다음과 같이 말한 바 있다. "세계는 궁극적으로 하나의 화폐를 가질 것이고, 인터넷 역시 단일 화폐를 가질 것이다. 나는 개인적으로 그것이 비트코인이라고 생각한다." 리브라를 통해 디지털 화폐 야욕을 드러낸 페이스북의 마크 저커버그와는 달리, 잭 도시는 비트코인에 집중할 것이라고 밝혔다. 잭 도시가 트위터 코인이 아닌 비트코인에 주목하는 배경을 알기 위해서는 그가 경영하는 또 다른 회사 스퀘어를 살펴볼 필요가 있다.

스퀘어는 캐시앱Cash App이라는 모바일 결제 송금 앱을 운영하고 있다. 흥미로운 것은 비트코인이 스퀘어의 성장을 견인하고 있다는 점이다. 캐시 앱 사용자는 비트코인 매매 및 예치 서비스를 이용할 수 있다. 스퀘어의 2019년 2분기 실적에서 비트코인 관련 매출액은 1억 2500만 달러를 기록했는데 이는 전 분기 대비 두 배 정도 증가한 수치다. 비트코인의 인기를 등에 업은 캐시앱은 승승장구하며 경쟁사인 페이팔

Paypal, 벤모Venmo를 빠르게 추격하고 있다.

스퀘어 사업을 하면서 잭 도시는 금융업이 굉장히 폐쇄적이라는 것을 느꼈을 것이다. 규제, 통화의 상이성, 현지 금융 기관과의 제휴 문제 등으로 인해 핀테크 기업들은 인터넷 DNA를 지녔음에도 글로벌 비즈니스를 하기가 쉽지 않다. 이와 같은 상황에서 비트코인의 등장은 잭 도시에게 상당한 영감을 준 것으로 보인다. 어떠한 기업이나 정부의 개입 없이도 분산적 신뢰에 기반해 네트워크가 작동하고, 망할 것이라는 수많은 사람들의 저주에도 불구하고 10년 넘게 꿋꿋이 생존했으며, 2017년 버블로 전 세계 사람들에게 브랜드를 각인시킨 비트코인 말이다. 잭 도시는 비트코인의 잠재력을 엿보았고 이것이야말로 인터넷 DNA를 지닌 디지털 머니라고 생각했다.

잭 도시는 비트코인을 단순한 투기성 자산이 아닌 인터넷 화폐로 만들고 싶어 한다. 2019년 9월 잭 도시는 "비트코인은 아직 화폐로 기능하지는 않는다"고 발언하며 비트코인의 한계를 인정했지만, 그는 비트코인을 통해 스퀘어의 비즈니스를 획기적으로 바꾸겠다는 비전을 가지고 있다. 잭 도시는 비전을 달성하기 위해 스퀘어 산하에 '스퀘어 크립토'라는 부서를 만들어 비트코인 기술을 개발하고 사업 기회를 모색하고 있다. 스퀘어 크립토는 페이스북, 빗고, 라이트닝 랩, 구글 출신들을 영입한 비트코인 드림팀으로, 잭 도시와 실시간으로 소통하는 일종의 별동대다. 스퀘어가 모바일 결제에 강점을 보이는 회사라는 점을 고려하면, 잭 도시는 비트코인을 결제 시장 혁신에 활용할 것으로 예상된다.

피델리티 - 월드페이

피델리티는 2조 7000억 달러 규모의 자산을 운용하는 글로벌 자산 운용사 중 하나다. 피델리티는 보수적인 월가에서 새로운 트렌드를 개척하는 선구자로 유명하다. 현재 피델리티는 창업주의 손녀인 애비게일 존슨Abigail Johnson이 3대째 경영을 이어 나가고 있다. 존슨은 대표적인 비트코인 예찬론자다. 그녀가 이끄는 피델리티는 월가에서 가장 적극적으로 비트코인 관련 사업 기회를 모색하고 있다.

2018년 10월 피델리티는 사내 조직에 불과했던 팀을 격상시켜 피델리티 디지털 애셋 설립을 발표했다. 웬만한 블록체인 관련 기업보다 훨씬 규모가 큰 피델리티 디지털 애셋에는 금융, 블록체인, IT 등 다양한 배경을 가진 전문가들이 근무하고 있다. 이 회사의 미션은 기관 투자자들이 비트코인에 안전하게 투자할 수 있도록 돕는 것이다. 피델리티는 2019년 10월, 기관을 대상으로 본격적으로 비트코인 거래 및 수탁 서비스를 출시했다.

피델리티는 단순 비트코인 거래 및 수탁 서비스를 넘어

훨씬 더 큰 그림을 그리고 있는 것이 틀림없다. 2018년 10월 피델리티 디지털 애셋 블로그에는 '디지털 돈의 진화'라는 제목의 글이 올라왔다. 이 글은 비트코인이 페이팔, 위챗 페이, 벤모 등과 같은 기존 결제 시스템과 어떻게 다른지 설명하고 있다. 또한, 디지캐시, 해시캐시, 비머니, 비트골드, 작업 증명 등 비트코인의 탄생에 영향을 준 디지털 돈의 역사를 훑으며 비트코인의 특징을 강조하고 있다.

그렇다. 피델리티는 비트코인을 단지 투기성 자산으로 보지 않고 있다. 돈의 패러다임을 바꿀 디지털 돈으로 보고 있는 것이다. 피델리티는 글을 다음과 같이 마무리하며 비트코인의 등장으로 인해 돈의 패러다임이 바뀔 변곡점이 얼마 남지 않았다고 강조한다. "돈은 우리가 인터넷을 사용한 이후 디지털화되었다. 그리고 많은 이들이 비트코인 네트워크를 돈의 인터넷으로 본다. 더욱 많은 사람들이 이 프로토콜에 대해서 배울수록, 가치의 저장 및 가치의 교환과 관련된 새로운 방식이 우리의 삶에 들어올 수 있을 것이다. 우리의 생각보다 훨씬 빠르게 말이다."

2019년 3월, 피델리티 그룹의 피델리티 내셔널 인포메이션 서비스FIS는 월드페이라는 결제 기업을 350억 달러가 넘는 거금을 주고 인수하겠다고 발표했다. 2019년 7월 완료된 이 인수는 결제 산업 역사상 최대 규모다. 월드페이는 전 세계

온·오프라인 상점에 결제 서비스를 지원하는 핀테크 기업이다. 비트코인 결제 대중화를 위해서는 월드페이처럼 이미 글로벌 결제망을 보유하고 있는 기업의 도움이 필요하다. 월드페이는 이미 수년 전부터 자사의 결제망에 비트코인을 통합하는 방안을 모색했다. 월드페이는 비자, 코인베이스와 협업해 카드 서비스를 제공하기도 했다. 월드페이의 임원은 최근 월드페이와 긴밀한 관계를 맺고 있던 비트코인 결제 기업 비트페이의 CFO로 영입되었다. 월드페이는 이미 예전부터 비트코인이 어떻게 결제 시장을 혁신할 수 있을지 주시하고 있었던 것이다. 비트코인 대중화를 전사적으로 추진하고 있는 피델리티 그룹의 인수는 양사의 이해관계를 모두 충족하는 거래였을 것이다.

느리고 비싼 비트코인이 결제 시장에서 활용될 가능성은 아직 희박해 보인다. 그러나 이론적으로 많은 비트코인을 수탁하고 있는 회사는 오프체인 솔루션으로 비트코인 결제를 지원할 잠재력이 있다. 비트코인 예치, 실시간 법정 화폐-비트코인 환전 내역을 블록체인이 아닌 자체 원장을 활용해 사후 정산하는 것이다. 고객은 자신이 비트코인으로 결제하는지를 알아채지 못하고 편리하고 쉬운 방식으로 결제 서비스를 이용하게 된다. 마치 우리가 인터넷 서비스를 이용할 때, TCP/IP 프로토콜에 대해서 전혀 생각하지 않듯이 말이다.

비트코인이 결제 시장을 혁신하기 위해서는 몇 가지 조건들이 충족되어야 한다. ①비트코인 결제 모바일 앱이 대중화되고 ②충분한 규모의 비트코인이 안전하게 수탁되고 ③소비자와 상점이 불편함을 느끼지 않는 수준으로 비트코인과 법정 화폐 간 환전이 매끄럽게 진행되고 ④상점은 카드사, VAN 등의 중개 수수료를 절약해 일부를 소비자에게 혜택으로 제공할 수 있어야 한다. 물론 아직 갈 길이 멀어 보이는 것은 사실이다. 그러나 패러다임은 천천히 바뀌지 않는다. 한순간에 도약한다. 비트코인이 결제 시장에서 활용될 잠재력을 과소평가해서는 안 된다. 만약 비트코인이 실제 결제에도 활발히 쓰인다면, 비트코인은 '디지털 금'이 아니라 '디지털 머니'로 불려야 마땅할 것이다.

비트코인 가치 평가

자산은 자본형 자산, 소비재 자본재형 자산, 가치 보존형 자산 등 세 가지 유형으로 분류할 수 있다. 현금 흐름이 존재하는 주식, 채권, 부동산 등이 자본형 자산에 해당한다. 소비재 자본재형 자산은 농산물, 원유 등과 같은 상품으로 실생활에서 쓰인다는 것이 특징이다. 가치 보존형 자산은 예술품, 귀금속, 고급 수집품 등이 있다. 비트코인은 가치 보존형에 해당한다고 볼 수 있다.

가치 보존형 자산에 대한 가치 평가의 핵심은 사회적 합의와 수급이다. 얼마나 많은 사람이 이 자산의 가치를 지속적으로 믿는지, 해당 자산이 얼마나 희소성을 지니는지가 가치를 결정한다. 앤디 워홀의 작품이 수백억 원 이상을 호가하는 이유는 이 그림에 엄청난 내재 가치가 있어서가 아니다. 단지 많은 사람들이 앤디 워홀의 작품이 값비싸다고 인식하고 있고, 그가 남긴 작품의 수가 한정적이기 때문이다.

비트코인도 마찬가지다. 하나의 가격이 1달러에도 못 미치던 비트코인이 2만 달러 이상 폭등한 현상을 이성적으로 이해하기는 쉽지 않다. 그러나 2017년 말 암호 자산 버블이 꺼진 이후에도 비트코인은 2019년 10월 24일 현재 약 7500달러에 시장에서 거래되고 있다. 지구 어딘가에서는 웃돈을 주고 비트코인을 거래하기도 한다. 이와 같은 현상을 단순히 버블로 치부할 수 있을까?

비트코인의 적정 가치가 얼마인지에 대해서는 논란이 많은 것이 사실이다. 아직 비트코인에 대한 뚜렷한 가치 평가 기법이 존재하지는 않는다. 특정 자산의 적정 가격을 산출하기 위해서는 전문적인 투자자 커뮤니티에서 수용하는 가치 평가 기법이 있어야 한다. 이렇게 표준화된 가치 평가 기법은 투자 시장에서 통용되는 언어가 된다.

표준화된 가치 평가 기법의 부재 및 불투명한 가격 결정

구조는 모든 종류의 자산군이 새롭게 출현했을 때 겪는 통과 의례다. 채권은 13세기에 등장했지만 채권 가격 결정에 영향을 미치는 신용 평가사는 19세기에 태동했다. 주식은 17세기 이후 대중화되었지만 알맞은 가치 평가 기법들이 본격적으로 등장한 것은 20세기부터다. 파생 상품은 기원전 18세기의 함무라비 법전에도 등장할 정도로 오래된 개념이지만, 19세기 시카고상품거래소가 설립되고 20세기 블랙-숄즈Black-Scholes 모형이 등장한 이후에야 본격적으로 시장 규모를 키울 수 있었다.

따라서 현시점에서 비트코인의 가격을 전망하는 것은 대체로 무의미하다. 다만 2019년 9월 독일 바이에른 은행에서 발간한 보고서 〈메가트렌드 디지털화 - 비트코인이 금보다 나은가?〉의 분석은 참고할 만한 가치가 있다. 해당 보고서는 S2FStock to Flow 비율이 비트코인 가치 평가에 유용하다고 주장한다. S2F는 자산의 희소성을 측정하는 지표로, 비축량을 연간 생산량으로 나눈 것이다. S2F가 높다는 것은 그만큼 해당 자산의 희소성이 높다는 것을 뜻한다. 금은 은을 비롯한 다른 귀금속 대비 S2F가 높기 때문에 역사적으로 국가 통화 정책의 중심 매개체 역할을 할 수 있었다.

해당 보고서에 따르면, 앞으로 수차례 반감기를 거듭하게 될 비트코인의 S2F는 금을 비롯한 여타 귀금속을 능가할 전망이다. 비트코인은 4년마다 채굴 보상이 반으로 줄어들게

끔 설계되어 있는데 이를 반감기로 부른다. 반감기는 지금까지 2012년, 2016년 두 번 있었으며 2020년 5월 세 번째 반감기가 예정되어 있다. 이에 따라 2020년 5월 이후로는 비트코인 블록당 채굴 보상은 현재 12.5비트코인에서 6.25비트코인으로 줄어들게 된다. 세 번째 반감기를 맞게 되면 비트코인의 S2F는 금과 유사한 수준으로 올라간다. 다시 말해, 금만큼 희소한 자산이 된다는 뜻이다.

해당 보고서는 S2F와 비트코인의 역사적 가격 상관관계가 높다는 점을 근거로, 2020년 이후 비트코인의 적정 가격은 9만 달러에 달할 수 있다고 주장한다. 심지어 비트코인이 2024년 네 번째 반감기를 맞게 되면 비트코인의 S2F는 더욱 높아지고 적정 가치는 이론적으로 9만 달러를 능가하게 된다.

과연 비트코인의 적정 가치는 얼마일까? 누구도 모른다. 오로지 시장만이 알 뿐이다. 분명한 것은 일반적으로 공급이 제한적이고 수요가 증가하면 가격이 오른다는 것이다. 바이에른 은행의 보고서는 비트코인을 "울트라 하드 머니"라고 평하며 비트코인의 희소성을 강조한다. 2019년 10월 현재 금의 총가치는 8조 달러 이상이고 비트코인의 가치는 135억 달러로 금의 2퍼센트에도 미치지 못하고 있다.

비트코인 본위제

필자는《비트코인 제국주의》에서 비트코인 발전 시나리오를 크게 전반기와 후반기로 구분했다. 우선 전반기는 비트코인이 투기성 자산으로 기능하는 단계이다. 전반기는 세 가지 세부 단계로 나뉜다. 첫 번째, 컴퓨터 기술에 능통한 괴짜 및 범죄자, 소수의 영민한 개인과 집단이 비트코인을 취급하는 단계이다. 2009년부터 2017년 암호 자산 버블까지가 이 시기에 해당한다. 두 번째, 버블이 발생하고 상업성을 증명하면서 돈 냄새를 맡은 기업들이 관심을 가지는 단계다. 마땅한 규제가 없기 때문에 관련 기업들의 모럴 해저드는 심각한 수준이다. 각종 사건 사고가 끊이지 않고 역기능이 부각된다. 2017년 이후 2019년 현재까지의 상황이다. 세 번째, 전 세계적으로 규제가 강화되고 암호 자산 생태계는 제도권으로 서서히 편입된다. 전통 금융 기관은 비트코인을 신규 대체 자산으로 취급하기 시작하고 비트코인을 투자 포트폴리오에 포함한다. 향후 5년 안에 미국, 일본, 유럽 등 금융 선진국을 중심으로 실현될 것이다.

관건은 후반기다. 후반기는 비트코인이 투기성 자산에서 화폐로 진화하는 단계다. 비트코인은 현재로서는 화폐로 기능하기에 턱없이 부족하다. 시시각각 변하는 비트코인의 가치는 가치의 측정, 교환의 매개, 가치의 저장이라는 화폐의 세 가지 조건을 충족하기에는 역부족이다. 게다가 비트코인 결제를 지원하는 곳도 아직은 많지 않다.

비트코인의 가격 변동성이 차차 줄어들고, 앞서 언급된 신뢰할 만한 글로벌 기업들이 비트코인을 활용해 시장을 혁신한다고 상상해 보자. 일반 사람들은 비트코인의 작동 방식에 대해 전혀 인식하지 못하고 글로벌 기업이 제공하는 비트코인 관련 서비스를 실생활에서 편리하게 사용한다. 그렇다면 비트코인에 대한 사람들의 신뢰는 대폭 강화되고 비트코인은 화폐로서 기능할 잠재력을 갖추게 된다. 여기서 우리는 이런 가정을 세워 볼 수 있다. 금이 화폐 경제에서 했던 역할을 디지털 금으로 비유되는 비트코인이 할 수 있지 않을까? 21세기에는 디지털 전환이 가속화할 것이고 돈의 형태 역시 디지털화할 것이다. 그렇다면 19세기, 20세기에 금 본위제가 존재했듯 어쩌면 21세기에는 비트코인 본위제가 등장할 수도 있지 않을까? 비트코인이 각국 중앙은행과 민간 기업에서 발행한 디지털 화폐들의 기축통화가 되는 것이다.

비트코인이 국제 가치 척도 및 태환 기능을 한다고 상상해 보자. 예를 들어, 미국 페이스북에서 발행한 1리브라는 X비트코인, 중국 중앙은행에서 발행한 1디지털 위안은 Y비트코인, 일본 미즈호 은행에서 발행한 1J코인은 Z비트코인 같은 식으로 비트코인이 디지털 화폐들의 국제 척도가 되는 것이다. 또한, 디지털 화폐를 발행한 정부와 기업은 모두 일정한 수준의 법정 화폐와 비트코인을 지급 준비금으로 보유하고 필요시 법정 화폐 혹은 비트코인으로 태환한다. 디지털 화폐를 비트코인으로 태환하는 것은 과거에 금 보관증을 들고 다니던 사람들이 은행에 태환을 요청하면 금으로 바꿔 줬던 사례와 유사하다.

비트코인 본위제라는 개념이 황당하게 느껴질 수도 있다. 그러나 우리는 패러다임이 바뀔 가능성을 과소평가해서는 안 된다. 수십 년 전 사람들이 오늘날 양적 완화, 마이너스 금리, 현대 화폐 이론 같은 '뉴 노멀new normal'을 상상이나 했겠는가? 마찬가지로 수십 년 후 미래의 통화 시스템 및 금융 시스템은 현재의 프레임으로는 도저히 이해할 수 없을 가능성이 크다. 분명한 것은 디지털 화폐가 새로운 통화 및 금융 시스템에서 주요한 역할을 하게 될 것이고, 어쩌면 비트코인 역시 해당 시스템에 직간접적으로 영향을 끼칠 수 있을 것이라는 점이다.

화폐 전쟁은 디지털 세계로 확산되고 있다. 각국 정부와 글로벌 기업은 디지털 화폐의 가능성을 모색하고 있다. 달러 본위제의 뒤를 이을 새로운 통화 시스템의 도래를 준비하고 있는 것이다. 복잡한 정치적 이해관계와 기업 간 상업적 이해관계에서 자유로운 비트코인의 중립성은 디지털 화폐 전쟁이 격화될수록 빛날 수 있다. 그 어떤 국가도 분산적 신뢰에 기반한 돈인 비트코인을 완전히 통제하지 못하기 때문이다. 마치 금처럼 말이다.

은 본위제 시대에 살던 사람들은 금 본위제를 예견하지 못했고, 금 본위제 시대에 살던 사람들은 달러 본위제를 상상하지 못했다. 마찬가지로, 달러 본위제 시대를 살고 있는 우리는 비트코인 본위제가 도저히 가능하지 않을 것이라고 생각한다. 그러나 화폐에 관한 패러다임은 항상 바뀌어 왔고 이는 앞으로도 마찬가지일 것이다. 비트코인이 장차 디지털 화폐 전쟁 및 새롭게 출현할 통화 시스템에서 어떤 역할을 하게 될지는 누구도 단언할 수 없다. 우리는 앞으로 비트코인이 투기성 자산에서 화폐로 진화할지, 더 나아가 비트코인 본위제가 실현될지 예의 주시할 필요가 있다.

한대훈은 SK증권의 주식 전략 및 시황 애널리스트다. 지난 2017년 증권사 최초로 비트코인 관련 리포트를 발간했다. 신기술과 새로운 트렌드에 관심이 많아 주식 외에도 다양한 자산과 산업의 보고서를 작성 중이다. 저서로는《한 권으로 끝내는 비트코인 혁명》이 있다.

4 초연결 사회와 테크핀 시대

GAFA와 BATH는 왜 문어발식 확장을 할까

GAFA(Google, Amazon, Facebook, Apple의 앞 글자를 딴 신조어)로 불리는 거대 IT 기업들은 영역을 파괴하며 기존 산업을 위협하고 있다. 이 기업들을 한마디로 정의하기 어려운 상황이 됐을 정도다. 아마존닷컴은 온라인 서점으로 시작했지만, 현재는 클라우드 산업의 최강자다. 구글은 검색 엔진으로 시작했지만, 우리에게 알파고Alphago로 잘 알려진 AI에 과감한 투자를 하고 있다. 세계 최대의 SNS인 페이스북은 리브라라는 암호 화폐 백서를 발표하며 금융업 진출을 시사했다. 아이폰으로 유명한 애플은 골드만삭스와 손잡고 애플카드를 출시했다. 이제 더 이상 구글, 아마존닷컴, 페이스북, 애플을 검색 엔진, 온라인 서점, SNS, 스마트폰 제작 회사로 보기는 어렵다.

구글은 GAFA 중에서도 가장 존재감이 큰 회사다. 비즈니스 인사이더에 따르면, 구글과 계열사인 유튜브는 인터넷 검색 시장의 90퍼센트 이상을 차지한다. 구글은 하루에 35억 건의 검색을 수행하고 있다. 즉, 하루에 최소 35억 명은 구글을 이용하는 셈이다. 구글은 지난 2015년 대규모 조직 개편을 단행하며 지주 회사 알파벳Alphabet을 설립했다. 구글의 비즈니스 분야는 검색 엔진, 지도, 이메일, 유튜브, 크롬, 스마트폰용 OS인 안드로이드부터 자율주행 자동차 개발을 다루는 웨이모Waymo, 스마트시티를 연구하는 사이드워크 랩Sidewalk Labs, 알파

고로 유명한 AI 기업 딥마인드DeepMind Technologies까지 다양하다.

온라인 서점으로 출발한 아마존의 초창기 라이벌은 반스앤노블Barnes & Noble이라는 오프라인 서점이었다. 처음 아마존이 반스앤노블을 넘어서겠다는 포부를 밝혔을 때는 비웃는 사람들이 많았다. 하지만 아마존의 가파른 성장으로 반스앤노블은 결국 몰락했다. 반스앤노블만이 아니다. 164년 역사를 자랑하던 미국 유명 백화점 체인 카슨스Carson's는 매장을 폐쇄했다. 아마존은 이제 온라인 서점과 온라인 쇼핑을 넘어 클라우드 사업에 주력하고 있다. 대부분의 이익이 아마존 웹서비스AWS로 불리는 클라우드 서비스에서 발생한다. 아마존은 지난해 AWS를 통해 256억 달러의 매출을 기록했다. 전체 매출 비중의 11퍼센트, 영업 이익의 70퍼센트 이상이다. 이외에도 무인 계산대 아마존 고Amzaon Go, 음성 인식 AI인 알렉사Alexa, 결제 서비스인 아마존페이Amazon Pay 등의 사업을 하고 있다. 사업 분야가 너무 많아서 주식 분석을 할 때 아마존을 어떤 섹터로 분류해야 하는지 논란이 일 정도다. 아마존은 2022년까지 저궤도 인공위성 3000여 기를 발사하는 프로젝트 카이퍼Kuiper 계획도 발표했다.

마크 저커버그가 설립한 페이스북은 세계 최대의 SNS다. 월 1회 이상 로그인하는 액티브 유저는 24억 명을 넘는 것으로 알려져 있다. 지난 2012년에는 사진을 게시하는 SNS인인스타그램을 10억 달러에 인수했다. 2014년에는 메신저 왓츠앱WhatsApp을 218억 달러에 인수했다. 같은 해에 VR 및 AR 개발 회사인 오큘러스Oculus를 20억 달러에 사들이면서 VR과 AR 부문에도 출사표를 던졌다. 이 외에도 태양열로 움직이는 초대형 드론 아퀼라Aquila에 이어 소형 인공위성 아테나Athena 개발에 한창이다. 페이스북의 목표는 압도적인 플랫폼 구축이다. 이런 목표에 방점을 찍기 위해 페이스북은 리브라라는 암호 화폐 백서를 발표하며 금융업 진출을 시사했다.

아이폰으로 스마트폰 시대를 연 애플도 조금씩 영역 확대를 도모하고 있다. 앞서 언급한 세 기업과 달리 애플은 제조업체다. 아이폰뿐 아니라 아이패드, 맥북 등을 만든다. 하지만 애플은 iOS라는 자체 OS를 사용한다. 앱스토어라는 애플리케이션 플랫폼을 구축하고 있는 회사다. 최근에는 애플워치와의 연동을 통해 심장 박동 수, 걸음걸이 체크 등 헬스케어 분야로의 진출을 도모하고 있다. 결제를 위한 애플페이도 운영 중이다. 최근에는 골드만삭스와 손을 잡고 애플카드를 출시했다.

미국에 GAFA가 있다면, 중국에는 BATH가 있다. BATH는 바이두, 알리바바, 텐센트, 화웨이의 약자다. 바이두는 구글처럼 검색 엔진 서비스로 시작했다. 중국 시장 내 점유율은 70퍼센트를 넘어서고 있으며 전 세계적으로 구글에 이은 2위 검색 엔진 서비스를 제공하는 회사다. 구글과 마찬가지로 AI

사업에 뛰어들었고, 자율주행 분야에 대한 투자도 활발하다. 특히 자율주행 플랫폼 아폴로는 중국 정부로부터 적극적인 지원을 받고 있다.

알리바바Alibaba는 중국의 아마존으로 불리는 중국 최대의 전자 상거래 업체다. 인터넷을 통한 B2B 거래를 하는 알리바바닷컴, C2C 거래 플랫폼인 타오바오淘宝를 운영하고 있다. 알리바바 역시 온라인 쇼핑에 그치지 않고 영역을 확장하고 있다. 금융 사업과 클라우드 컴퓨팅 등에도 진출했다. 알리바바가 운영하는 알리페이는 사실상 세계 최대의 전자 결제 시스템이다. 알리바바 그룹 내의 앤트파이낸셜이 제공하는 알리페이는 중국인의 삶을 바꿔 놓았다. 알리페이를 등에 업은 알리바바의 유동 자금은 대형 은행과 맞먹는 수준이다. 알리바바 클라우드는 중국 시장 점유율 1위다. 일본에서도 소프트뱅크와 합작으로 SB 클라우드를 설립했다.

텐센트는 페이스북처럼 SNS로 시작했다. 이메일 서비스인 QQ, 모바일 메신저인 위챗 등이 핵심 사업이다. 이 외에도 온라인 게임, 핀테크, 미디어 등의 사업도 함께 하고 있다. 특히 게임은 텐센트의 성장에 크게 기여했다. 게임 유저는 게임 안에서 사용할 수 있는 아이템을 구입하고 있다. 위챗페이도 점점 확대되고 있다.

화웨이는 애플과 비교된다. 화웨이는 스마트폰을 제조

하는 회사다. 출고 대수 기준으로 우리나라의 삼성전자, 미국의 애플과 빅3를 형성하고 있다. 스마트폰 회사로 알려져 있지만 이동 통신 설비 분야의 절대 강자다. 5G에서도 주목받는 기업이다.

이들 기업에는 공통점이 있다. 이미 선두의 자리에 오른 기존 사업 분야를 넘어 다른 산업으로 영역을 확대하고 있다는 점이다. 이들은 왜 문어발식 확장에 나서고 있을까?

핵심은 연결이다

현재 미국과 중국은 치열한 패권 경쟁 중이다. 미국과 중국의 패권 경쟁은 결국 미래 먹거리를 어느 쪽이 선점하고 이를 바탕으로 누가 주도권을 잡느냐의 싸움이다. 플랫폼의 장악과 확장을 위해 가장 중요한 것이 바로 연결성connectivity이다. 연결성을 통한 네트워크와 유저의 확장성은 플랫폼의 영향력을 높이기 때문이다. 4차 산업혁명이 시작되면서 주목받고 있는 IoT, 5G, 자율주행 등 새로운 혁신 기술들의 핵심은 연결에 있다.

이제는 연결을 통해 삶의 변화가 나타나는 초연결 사회hyper-connected society가 올 것이다. 초연결 사회란 캐나다 사회과학자인 애나벨 콴-하세Anabel Quan-Hasse와 베리 웰먼Barry Wellman이 처음 정의한 용어로, 네트워크로 연결된 사회에서 상호 소통이 다차원적으로 확장되는 현상을 의미한다. 정보 통신 기술의 발전과 확산으로 인간과 인간을 넘어, 인간과 사물, 사물과 사물 간의 연결은 기하급수적으로 확대되고 있다. 유엔 산하 국제 전기 통신 연합ITU에 따르면 2018년 말 기준 전 세계 인구의 51.2퍼센트에 해당하는 약 39억 명이 인터넷을 이용하는 것으로 추산된다. 세계 이동 통신 사업자 협회GSMA는 현재 50퍼센트 수준인 세계 스마트폰 보급률이 2020년까지 75퍼센트로 늘어날 것으로 전망한다.

ICT 기술의 발전과 보급의 확대는 초연결 사회로의 진입을 가속화하고 있다. 초연결 사회는 인터넷과 모바일 등 기술적 발전을 넘어 우리가 살아가는 방식을 바꿔 놓을 것이다. 컴퓨터, 스마트폰으로 소통하던 과거의 정보화 사회, 모바일 사회와 달리 초연결 사회에서는 오프라인과 온라인이 본격적으로 융합된다. 클라우드 등 초연결성에 기반을 둔 플랫폼 기술의 발전으로 제조, 유통, 의료, 교육 등 다양한 분야에서 지능적이고 혁신적인 서비스 제공이 가능해진다. 사람과 사물, 공간에 이르기까지 모든 것이 인터넷을 통해 긴밀하게 연결되는 급격한 변화의 흐름 속에서 세계 각국은 초연결 사회를 주도할 IT 기술 개발에 박차를 가하고 있다.

예를 들어 보자. 혼자 사는 A는 갑작스레 회사 업무가 많아지면서 마트에 갈 시간이 없다. 식료품이 부족함을 인식한 냉장고는 스스로 음식을 결제하고, 드론은 이를 배송해서

냉장고를 채웠다. 건강 상태를 실시간으로 체크하는 애플워치가 병원 진료를 권고하면, A는 자율주행차의 안내로 병원에 갈 것이다. 영화에서나 볼 법한 이런 일들이 하나둘씩 현실화하고 있다. 위의 사례를 보면 왜 GAFA, BATH와 같은 기업들이 영역을 확장하고 있는지 예상할 수 있다.

결제는 초연결 사회의 핵심 시스템이다. 네트워크가 그물망처럼 촘촘하게 얽히고설킨 사회에 적합한 거래 시스템이 필요하다. GAFA와 BATH가 연결성을 확장한 다음에는 결제를 비롯한 금융 업무로 영역을 확장할 것으로 전망되는 이유다. 페이스북이 리브라를 발표하고, 애플이 골드만삭스와 손잡은 일을 우연으로만 보기는 어렵다. BATH의 알리바바와 텐센트는 이미 세계 최대의 전자 결제 기업이다.

초연결 사회의 디지털 자산

1944년 미국 브레튼우즈에서 열린 국제회의는 2차 세계 대전 이후 세계 경제 질서의 틀을 마련했다. 이때 브레튼우즈 체제가 출범했다. 브레튼우즈 체제는 미국 달러화를 기축통화로 삼았다. 기축통화는 국제 무역과 투자 결제에 사용하는 가장 주된 통화다. 하지만 달러의 금 태환(1온스=35달러)을 보장했다는 점에서 금 본위제의 전통을 유지하고 있었다. 1971년 브레튼우즈 체제는 무너졌다. 같은 해 8월 15일 이른바 '닉슨

쇼크'라 불리는 '금과 달러의 교환 중지' 발표로 금 본위제는 공식적으로 폐지됐다. 미국의 달러 금 태환 중단 이후 금의 가치는 어떻게 됐을까? 금 태환이 중단됐으니 가치는 하락하고, 더 이상 기능을 못했을까?

그렇지 않았다. 달러의 시대가 됐고, 달러가 기축통화가 됐으니 이론상으로는 금을 보유할 필요가 없다. 하지만 현실은 달랐다. 미국의 금 보유량은 8000톤이 넘는다. 독일과 IMF 역시 3000톤 이상의 금을 보유하고 있다. 중국도 빠른 속도로 금을 모으고 있다. 중국 인민은행은 2018년 12월부터 금 비축량을 매달 늘리고 있다.

중앙은행들은 왜 자국의 화폐가 있는데 금을 모을까? 중앙은행이 금을 비축하는 것은 금이 아름다워서가 아니다. 금이 화폐이기 때문이다. 금은 희소성, 안정성, 내구성 등 화폐의 물리적인 필수 조건을 모두 갖추고 있다. 금은 가장 탁월한 부의 저장 수단이며 여전히 국제 통화 시스템의 기반이다. 각국 중앙은행과 정부가 금의 역할을 평가 절하하면서도 금고에 금을 보관하는 이유다. 심지어 기축통화국인 미국의 금 보유량은 세계 최대다.

비트코인은 금과 유사한 속성을 많이 가지고 있다. 매장량이 한정되어 있고, 중앙 기관의 통제를 받지 않는다. 비트코인 이후 수많은 암호 자산들이 생겼고, 이제는 IT 기업들도 발행을 고려하고 있다. 그러나 이런 화폐들은 비트코인과 달리 특정 집단의 통제를 받는다. 페이스북의 리브라에는 페이스북의 입김이 들어갈 수 있고, 새롭게 발행된 암호 자산들 역시 고안하고 발행한 주체의 영향을 받는다. 반면 비트코인은 자유롭다. 디지털 자산 시장이 커질수록 비트코인의 역할을 강조할 수밖에 없는 이유다.

금융 위기가 발생한다면, 비트코인의 가치는 더욱 빛을 발할 것이다. 2008년 금융 위기를 예측했던 헤지펀드의 황제 레이 달리오Ray Dalio 브리지워터 설립자는 2020년경에 금융 위기가 발생할 수 있다고 경고했다. 그는 현재의 금융 시장이 대공황 때와 유사하다고 지적하며, 패러다임의 전환에 직면해 있다고 주장한다. 주목할 요인으로는 효율성이 떨어진 중앙은행, 높은 부채 수준, 미국과 중국의 갈등을 꼽았다.

2008년 글로벌 금융 위기 이후 각국 중앙은행들은 경쟁적으로 양적 완화를 단행했지만, 경기 회복은 더디다. 중앙은행들의 유동성 공급으로 시중에 돈은 풀렸으나 소비나 투자로 이어지지 않고 있다. 중앙은행의 유동성 공급은 오히려 통화 가치를 낮추고 있다. 그러나 비트코인은 인플레이션에 취약하지 않다. 금과 더불어 비트코인이 헤지 금융 자산의 대안으로 주목받을 수 있다.

위험 자산으로 치부되던 비트코인은 어느새 롤모델이

었던 금처럼 안전 자산으로 변모하고 있다. 경기 상황이 좋지 않은 국가들에서 공통적으로 비트코인의 인기가 오르는 현상이 나타나고 있다. 디폴트 위기로 IMF에 구제 금융을 신청한 아르헨티나는 2019년 9월 미국 달러에 대한 매입 및 송금 금액을 한 달에 1만 달러로 제한했다. 10월 말부터는 은행 계좌를 통한 달러 매입을 한 달에 200달러로 제한하고, 달러 인출 한도도 100달러로 제한했다. 비트코인 수요는 급증했다. 민주화 시위로 불안한 홍콩도 비슷하다. 중국 정부가 홍콩 내 자산을 동결하려 하자 홍콩 시민들이 현금을 출금하는 사태가 벌어지고 있다. 현금 인출이 제한되자 위험을 회피하려는 자금은 비트코인으로 몰리고 있다. 홍콩의 비트코인 거래량은 2018년 1월 이후 최고액을 경신했다.

비트코인은 그동안 수많은 비난과 질타를 받았다. 비트코인을 비판하는 논리들은 대부분 화폐는 정부가 보증해야 한다는 명제에서 시작된다. 우리가 화폐의 가치를 믿고 사용하는 것은 사회적 약속의 결과다. 약속은 중앙은행과 국가 등 강력한 중앙 기관에 의해 보증됐다. 반면 비트코인은 정부와 중앙은행이 보증하지 않는다.

그러나 초연결 사회에서는 이야기가 달라진다. 초연결 사회는 모든 산업의 혁신적 변화를 동반한다. 이에 따라 거래 시스템도 달라져야 한다. 거래의 핵심이라 할 수 있는 결제와 화폐의 기능이 중앙화된 제3기관의 인증 시스템에 의존한다면 이를 완전한 초연결 사회라고 보기는 어렵다.

비트코인의 근간은 블록체인 기술이다. 블록체인이란 거래의 기록 및 관리에 대한 권한을 중앙 기관 없이 P2P 네트워크를 통해 분산시켜 블록으로 기록하고 관리하는 기술을 말한다. 즉, 블록체인은 비트코인이 제3의 신뢰 기관 없이 네트워크를 구축할 수 있도록 도와주는 것이다. 초연결 사회에서는 정부나 기업을 포함한 어떤 주체도 독자적으로 생존하기 어렵다. 협업, 투명성, 지식 공유, 권한 분산 등을 통한 개방으로만 경쟁력을 제고할 수 있다. 블록체인 구조에서는 정보가 분산돼 있기 때문에 거래의 승인 기록이 다수 참여자에 의해 자동으로 실행되고 제3자의 공증이 없어진다. 따라서 불필요한 수수료가 들지 않는다. 시스템 통합에 따라 복잡한 프로세스와 인프라 비용이 급감한다.

페이스북의 리브라와 중국의 CBDC

24억 명의 액티브 유저를 거느린 페이스북은 암호화된 디지털 화폐 리브라와 이를 보관하는 온라인 디지털 지갑 칼리브라Calibra를 발표한 후, 비영리 단체인 리브라 협회를 창립했다. 리브라는 자기 계좌가 없는 세계 17억 명의 인구를 겨냥했다. 리브라를 사용하면 추가적인 비용 없이 스마트폰 등의 모바일 기기를 이용해 돈을 송금하거나 결제할 수 있다. 이는 결제를 비롯한 금융 시장에 지각 변동을 일으켰다. 금융 기관을 거치지 않은 거래가 이뤄진다면 기존 은행들의 입지는 크게 위축될 수밖에 없기 때문이다. IT 기업들의 금융업 진출이 가시화되는 순간이었다. 페이스북은 당초 2020년부터 리브라를 발행한다는 계획이었으나 미국 의회의 문제 제기로 제동이 걸린 상태다.

페이스북이 주춤하는 사이 중국 중앙은행인 인민은행이 움직이기 시작했다. 중국 인민은행은 CBDCCentral Bank Digital Currency를 출시할 예정이다. CBDC의 유통은 중국은행, 중국건설은행, 중국농업은행, 중국공상은행 등 중국의 대표 은행, 알리바바, 텐센트 등 IT 기업, 유니온페이 등 신용 카드사가 맡을 것으로 알려지고 있다. 갑작스런 결정으로 보이지만, 인민은행은 이미 디지털 화폐 연구소를 설립해 CBDC에 대한 연구를 진행하고 있었다. 2017년부터 CBDC와 관련된 다수의 보고서와 논문을 발표했다. 중국 인민은행은 블록체인 관련 특허를 많이 보유한 곳 중 하나다. 중국의 시장 조사 업체 IPR 데일리에 따르면, 인민은행은 지난해 블록체인 특허 기업 순위에서 5위를 차지했다. 채용 계획에서도 인민은행의 의지를 엿볼 수 있다. 인민은행은 올해 디지털 화폐 전문 인력 충원 계획을 발표했다. 디지털 화폐 관련 소프트웨어 시스템, 암호화 기술 및 보안 모델, 거래 기기 칩 기술 연구 개발 등을 담당할 박사급 인재를 채용하겠다는 것이다. 이에 따라 중국 인민은행이 디지털 화폐를 계속해서 연구할 것이라는 전망이 나온다.

그렇다면 중국은 왜 CBDC를 발행했을까? CBDC는 자금 흐름을 추적할 수 있다. 자금의 유출입뿐 아니라 자금 세탁 방지, 탈세 적발 등 중국 정부가 손쉽게 자금 관리를 할 수 있는 수단인 셈이다. 중국은 이미 알리페이와 위챗페이 등을 바탕으로 디지털 금융 서비스에서 선도적인 위치를 점하고 있다. 중국은 글로벌 회계 법인 EY가 발표한 '2017 핀테크 도입지수'에서 69퍼센트로 조사 대상 20개국 중 1위를 기록했다. 중국 정부는 이미 앞서 있는 디지털 결제 시장에서 CBDC를 통한 굳히기에 들어가려는 것 같다. 국가 주도의 CBDC가 기존 중국의 금융 및 산업 인프라와 시너지 효과를 내면서 결제 시스템을 보다 효율적으로 운영하는 미래를 기대하고 있는 것이다.

게다가 중국은 4차 산업에 강한 드라이브를 걸고 있다. 국가 주도로 4차 산업을 적극 육성하는 중국은 결제, 금융, 경제 영역에서도 4차 산업으로의 빠른 전환을 노리고 있다.

마지막으로 중국이 아직 미국의 아성에 한참 미치지 못하는 분야가 바로 화폐다. 중국은 위안화의 IMF 특별인출권SDR 통화 바스켓 편입을 시도해 왔다. SDR은 IMF가 1969년 국제 준비 통화인 달러와 금의 문제점을 보완하기 위해 1970년에

정식 채택한 가상 통화이자 보조적인 준비 자산이다. SDR은 회원국들이 외환 위기 등에 처할 때 담보 없이 인출할 수 있는 권리로 달러, 유로, 파운드, 엔 등 4개 통화로 구성돼 있었다. 위안화는 2016년 10월에 정식으로 편입됐다. 하지만 위안화의 비중은 10.92퍼센트에 불과하다. 미국 달러(41.73퍼센트)는 물론 유로(30.93퍼센트)에도 밀린다. 결제 비율은 더 낮다. 국제 은행 간 통신 협회SWIFT의 조사에 따르면, 위안화 결제 비중은 2019년 3월 기준 1.89퍼센트에 불과하다. 중국의 경제 수준, 시장 규모, 인구 등을 감안하면 매우 낮은 수준이다.

중국 인민은행은 ①자금 유출 우려 해소, ②디지털 경제 주도권 ③디지털 금융의 확산 ④디지털 화폐 패권을 목표로 CBDC 발행을 준비 중이다. 인민은행의 지급 결제 담당인 무창춘穆長春 부사장은 인민은행이 2014년부터 디지털 화폐 발행을 준비해 왔다고 밝혔다. 그에 따르면 인민은행이 하나의 디지털 화폐를 발행해 민간 은행과 금융 기관들에 뿌려 주고, 민간 은행들이 일반 경제 주체들에게 공급하는 2단계 방식으로 디지털 화폐가 유통될 것이다.

거대 플랫폼 기업들의 영역 확장으로 금융의 변화가 예고되고 있다. 현금에서 신용 카드로 패러다임이 넘어갔듯, 이제 신용 카드에서 모바일 페이 시대로 전환되고 있다. 초연결 시대에는 테크핀의 역할이 커질 것이다.

차두휘는 대형 증권사의 12년 차 장외 파생 상품 전문가로 금융 상품 개발 업무를 담당하고 있다. 다양한 금융 기법에 관심이 많으며, 이더리움 백서의 '파생 금융 상품' 섹터에 흥미를 느껴 2016년부터 블록체인 산업에서도 활동하고 있다. 현재는 블록체인 게임 회사의 어드바이저 역할도 하고 있다.

5 신용과 화폐의 연결 ; 탈중앙화 금융

리먼브라더스 이후

금융업은 대체로 환영받지 못하는 산업이다. 셰익스피어 소설의 고리대금업자이자 금융업자인 샤일록은 피도 눈물도 없는 악덕한 사람의 대명사다. 지난 2008년 세계 금융 위기를 야기한 원흉으로 금융 시스템과 금융인이 지목되면서 부정적인 이미지는 더욱 부각됐다. 실제로 2008년 세계 금융 위기의 진원지는 금융 산업이었다. 금융 감독 기관의 업무 태만, 신용평가 회사 및 금융인들의 도덕적 해이가 비극의 원인이라는 분석까지 나왔으니 말이다.

당시 필자는 ELSEquity Linked Securities[11]를 영업점 채널에 공급하는 업무를 하고 있었다. 2009년 4월, 특정 ELS의 만기가 도래했다. 해당 ELS의 기초 자산은 손실 가능성이 있었고 가격이 1퍼센트만 더 하락해도 손실이 나는 상황이었다. 주식시장이 마감되었을 때, 주가는 급락했고 만기가 된 ELS가 큰 손실을 입으면서 평소 잘 알고 지내던 고객의 퇴직금이 60퍼센트 이상 사라졌다.

개인 투자자들의 손실도 발생했지만 금융 기관의 피해도 막대했다. 각 증권사 차원에서 문제가 되었던 부분은 리먼브라더스 파산이었다. ELS 상품 발행 및 헤지[12]를 위해 리먼브라더스 구조화 채권을 매수한 것이 화근이었다. 증권사들은 이자는 물론 원금까지 받지 못할 위험에 놓였다. 리먼브라더스의 신용을 기반으로 거래했던 금융 회사들은 적게는 몇십억 원에서 많게는 몇천억 원에 달하는 투자 손실을 입었다.

2018년 여름의 어느 날, 사무실에 전화가 세차게 울렸고 리스크 관리 부서에서 연락이 왔다. 2008년 금융 위기 당시 원금과 이자를 회수하지 못한 리먼브라더스 채권의 잔여분에 대한 논의였다. 금융 위기의 홍역을 치르고 그로부터 10여 년이 지난 오늘까지도 맹목적인 신용과 신뢰로 인한 상처는 남아 있었다.

신용은 영어로 credit이다. 누군가로부터 신뢰를 얻거나 인정을 받는다는 의미다. 경제 활동이나 금융 활동을 영위할 때는 과연 누구의 신용이 필요할까? 현재 금융을 기준으로 하면 은행과 같은 금융 기관으로부터의 신용이 필요하다는 답이 많을 것이다. 그렇다면 왜 금융 기관으로부터의 신용이 필요할까? 그리고 신용은 어떠한 위험을 내포하고 있고, 또 어떤 결과를 초래했을까?

이러한 믿음과 신용에 대한 근본적인 물음으로부터 탈중앙화 금융은 시작되었다. 탈중앙화 금융decentralized finance 또는 디파이Defi로 불리는 새로운 금융 시스템에서 종이돈은 코인으로, 은행은 디파이 시스템으로, 은행 계좌는 디파이 시스템상의 고객 정보KYC가 필요 없는 새로운 개념의 주소address로 대체된다. 또한 입금이 아닌 예치supply를 통해 이자를 받게 된다.

우리는 한국은행에서 발행한 종이돈을 들고 은행에 계좌를 만들어 돈을 입금한다. 당연해 보이는 이 프로세스에는 문제가 있다. 먼저 한국은행의 돈은 한국 이외의 국가에서는 통용되지 않는다. 두 번째로, 은행에서 다른 은행이나 증권사로 돈을 옮길 때 수수료가 발생한다. 마지막으로 대한민국 정부와 은행을 믿을 수 있는지에 대한 의문이 제기된다. 만약 전 세계적으로 통용되고, 수수료가 거의 없는 수준으로 저렴하며, 누군가를 신뢰할 필요가 없는 화폐가 있다면 어떨지 상상해 보자.

금융이란 경제의 연결이다. 금융은 경제 활동을 위해 돈이 필요한 경제 주체에게 금융 기관이나 기업이 돈 혹은 이와 비슷한 형태를 공급하는 행위를 말한다. 이와 같은 연결을 통해 경제의 원활한 흐름을 만드는 것이 금융의 핵심적인 역할이다. 연결은 곧 만남이다. 다양한 만남의 기회가 있어야 경제의 효율도 올라간다. 금융 시장 역시 마찬가지다.

원활한 연결을 위해서는 첫째, 수요자와 공급자 사이의 만남이 원활해야 한다. 소위 매칭을 해주는 역할이 금융 기관의 몫이다. A가 주택 구입을 위해 은행에서 주택 담보 대출을 받는 경우, 은행은 B가 입금해 놓은 예금을 바탕으로 대출을 승인한다. 이때 A는 자금의 수요자, B는 공급자, 금융 기관인 은행은 중개자가 된다. 둘째, 경제 주체들의 비용이 적어야 한다. 이러한 두 가지 사항이 충족되어야 경제 주체들의 비용은 감소하고 효용은 올라가게 되는 것이다.

이런 만남들은 특수한 형태를 띠는데 금융 용어로는 대출, 채권 발행, 주식 발행 등으로 불린다. 다양한 자금 수요를 충족하기 위해 경제 주체들은 중개자인 금융 기관에게 '잘 보여야' 한다. 그래야 신용이 좋아지기 때문이다. 금융 기관은 그들만의 기준을 가지고 경제 주체들의 신용을 결정하고 의사 결정에도 활용하고 있다.

어느 날, 금융 회사들이 사고를 냈다. 미국의 세계 4대 투자 은행 중 하나인 리먼브라더스가 2008년 9월 15일 파산 보호Chapter 11 Bankruptcy Protection를 신청한 것이다. 리먼브라더스는 6000억 달러가 넘는 부채를 감당하지 못했다. 이 비극은 '서브프라임 모기지 대출'이라는 이제는 우리에게도 너무나 익숙한 금융 상품 때문에 발생했다. 은행들은 여러 개의 모기지 대출 채권을 모아서 하나로 섞고, 다시 잘게 쪼개서 투자자들에게 팔았다. 예를 들어 1억 원씩 열 명에게 대출해 줬다고 하자. 이 대출들을 섞어서 10억 원짜리로 만든 다음에 100만 원씩 쪼개서 1000명에게 판다. 이 경우 대출 하나에 문제가 생기더라도 투자자 입장에선 투자금 10억 원이 아니라, 100만 원만 신경 쓰면 된다. 쪼개면 쪼갤수록 리스크는 줄어든다.

초반에는 신용 등급이 높은 사람들의 모기지 대출 채권

을 담보로 금융 상품을 설계했기 때문에 안정적인 수익률이 나왔다. 은행의 개인 고객들도 구입했고, 전 세계의 금융 기관도 매수했다. 때마침 찾아온 부동산 호황으로 이 상품은 대성공을 거뒀다. 은행들은 더 많은 이윤을 탐했다. 신용 등급이 나쁜 사람들의 모기지 대출 채권까지 이런 식으로 만들어 팔기 시작했고, 결과적으로 모기지 대출 채권은 급속도로 부실화하기 시작했다. 리먼브라더스는 그 상품의 중심에 있었다. 리먼브라더스가 파산하면서 리먼브라더스의 채권을 보유했던 금융 회사들은 손실을 입었다. 이 영향은 연쇄적이었다. 신용 등급을 매겼던 신용 평가 기관도 문제였다. 이들은 채권 안의 내용물에 개의치 않고 최고 우량 등급(AAA)을 부여했다. 이 신용 등급을 보고 안전한 투자 상품으로 오해한 개인 투자자들의 피해는 막대했다. 2008년 금융 위기는 중앙은행부터 금융 기관까지 기존 금융 시스템상의 신용을 맹목적으로 신뢰했던 행위가 오히려 부메랑이 되어 전체 금융 시스템을 붕괴시킬 뻔한 사건이었다.

'신용의 배신'을 경험한 후에야 비로소 금융과 화폐의 변화가 시작되었다. 화폐는 도구로서 사용자의 선택 대상이 될 수 있다. 수수료가 저렴하고 결제가 간편하며 다양한 위험이 사전에 고려된 통화의 형태로 발전될 수도 있다. 디파이는 이러한 특징을 구현해 줄 하나의 도구로서 가능성을 보이고 있다. 4차 산업혁명의 대변혁은 금융과 통화의 혁신에서도 발견할 수 있다. 화폐의 무한 경쟁 시대에는 사용자가 화폐를 결정한다. 이 결정에 따라 널리 통용되는 통화가 주요 화폐가 될 것이다. 화폐 민주주의가 암호 자산이며 디파이는 암호 자산 기반의 경제와 현실 금융 사이의 가교 역할을 하고 있다.

금융의 세 가지 위험 요소

대한민국에 거주하면서 경제 활동을 하는 직장인이자 투자자가 있다고 가정해 보자. 물가 상승률을 상회하는 수익률을 거둘 목적으로 10년 만기, 연 7퍼센트의 브라질 국채에 투자했다. 이 경우 발생할 수 있는 위험은 다양하다. 브라질 채권은 대한민국 원화가 아닌 브라질 헤알화로 표시된다. 원화 대비 헤알화 환율이 투자 당시의 300원에서 270원으로 하락하면, 10퍼센트의 손실이 발생할 수 있다. 채권 금리가 상승하는 경우에는 채권 가격이 떨어지기 때문에 채권 평가 손실이 발생할 수 있다. 이처럼 금리, 환율, 주가 등 시장 가격 변동에 따른 위험을 첫 번째 위험인 시장 위험market risk이라고 한다. 시장 위험은 대부분 상쇄시키거나 투자자가 원하는 방향으로 바꿀 수 있다. 주식 역시 선물, 옵션 등을 통해 헤지가 가능하다.

두 번째 위험은 신용 위험credit risk이다. 앞서 등장한 리먼브라더스가 발행한 채권의 원리금을 지급하지 못한 경우가 대표적인 신용 위험의 예다. 내가 상대방에게 돈을 빌려줬는데 상대방이 갚지 못하는 경우를 말한다. 위 투자자의 경우는 브라질이 모라토리엄(국가가 일방적으로 만기에 상환을 미루는 행위)을 선언하고 원금과 이자를 만기에 갚지 못한다면 신용 위험이 발생하게 된다. 신용 위험은 현실적으로 완전한 헤지가 어렵다. 그렇기 때문에 위험의 제거가 아닌 관리의 개념으로 접근을 한다. 따라서 금융 기관들은 각각 거래 상대방(개인이나 다른 금융 기관)의 신용 등급 및 금융 상품으로 위험의 한도를 부여하고 적절히 관리하는 것을 목표로 하고 있다. 신용 부도 스왑CDS과 같이 헤지를 위한 상품도 있으나 접근이 용이하지는 않다.

마지막으로 운영 위험operational risk이 있다. 업무를 수행하다가 사고를 낼 수 있는 위험을 의미한다. 업무 절차상 문제나 시스템 오류, 횡령, 배임 같은 부도덕한 일로 인한 피해가 모두 운영 위험에 속한다. 법률 위반에 따른 벌금, 배상금과 같은 피해도 이 범주에 속한다. IT 기반 금융 기법이 발전하면서 전통 금융 영역, 핀테크 영역 그리고 디파이에서도 발생할 수 있는 위험 중 하나다. 프로그래밍을 통해 만든 전산 시스템 등에서 오류가 일어날 수도 있고, 프로젝트에서 만든 정책상의 문제가 발생할 수도 있기 때문이다.

위험을 위험이라고 인식하는 시점은 위험을 경험한 이

후다. 재발 방지 차원에서 글로벌 금융 질서, 금융 거래 형태 그리고 담보 관리 기법에 이르는 많은 변화가 일어났다. 2008년 세계 금융 위기 이후 각 금융 기관 및 규제 기관들은 신용 위험에 대해 더욱 구체적이고 다양한 부분을 보완한 체계적인 관리를 시작하게 된다. 금융 위기 이후 서로 긴밀하게 담보를 주고받기 시작했고, 규제 기관은 장외 파생 상품을 장내에서 결제하고 청산하는 시스템까지 마련했다. 그러나 여전히 이 모든 프로세스를 관장하는 금융 기관에 대한 신용 위험 자체를 근본적으로 제거할 수는 없다.

신용 위험, 관리를 넘어 제거로

디파이는 신용 위험을 최소화하고 새로운 수요와 관점을 제공하는 금융 혁신의 시발점이 될 수 있다. 디파이는 넓은 개념으로는 블록체인 시스템을 활용하여 이루어지는 모든 금융 서비스를 의미한다. 블록체인상에 처음 만들어진 비트코인도 지급 결제를 위한 금융 시스템이었다. 하지만 여기서는 조금 더 좁은 개념의 디파이를 다뤄 보고자 한다. 구체적으로 살펴보면 디파이란 ①불필요한 중개자를 제거함으로써 전통 금융 시스템에 의존하지 않고 ②이더리움과 같이 활성화된 공공 블록체인을 활용하여 ③완전히 탈중앙화된 독립적인 금융 서비스를 제공하는 시스템을 의미한다.

신용 위험 제거는 중개자 역할을 최소화하면서 시작된다. 금융 산업의 중개자는 은행, 증권사와 같은 금융 기관뿐 아니라 중앙에서 통제할 수 있는 핀테크 기관도 포함된다. 디파이는 중개자 신용 위험을 제거하고 최소화하는 역할을 한다. 디파이는 오픈 뱅킹과도 비교할 수 있다. 오픈 뱅킹이란 핀테크 기업이 금융 서비스를 편리하게 만들 수 있도록 표준화된 형태로 제공하는 은행 간 전산망을 말한다. 오픈 뱅킹의 핵심은 금융 기관 간 연결이다. 핀테크 기업은 공유된 정보와 기술을 통해 새로운 서비스를 제공하여 금융 소비자의 편의를 높인다. 금융 기관들은 새로운 고객과 접점이 생기면서 새로운 수익 기회를 모색할 수 있다. 디파이는 금융 기관 연결 전산망 대신 공공 블록체인을 활용하는 것이다. 투명하며 검증 가능한 오픈 소스 기반의 핀테크 기업 또는 독립적인 시스템이 금융 서비스를 담당한다. 금융 기관이 존재하지 않지만 신뢰 가능한 전산망이 존재하는 것이 오픈 뱅킹과 디파이의 차이점이다. 이러한 디파이와 오픈 뱅킹을 모두 아우르면서 은행, 증권, 보험업 등 금융 서비스업 전반을 오픈 네트워크상에서 금융 서비스하는 것을 오픈 파이낸스라고 한다.

디파이는 크게 3가지 불만을 해결한다. 첫째, 전통 금융의 한계인 신용 위험을 극복했다. 디파이는 중개자 없이도 공공 네트워크인 블록체인을 이용하여 가치 저장과 이동 그리고 투자까지 가능한 시스템을 만들어 냈다. 둘째, 암호 자산의 가격 변동 위험(시장 위험)을 해결했다. 최초의 암호 자산인 비트코인 백서를 보면 '순수한 개인 대 개인P2P 버전의 전자 화폐는 금융 기관을 거치지 않고 한쪽에서 다른 쪽으로 직접 전달되는 온라인 결제payments를 실현한다'고 쓰여 있다. 하지만 비트코인을 비롯한 기존 암호 자산들은 가격 변동이 극심했다. 2017년에는 한 해 동안 비트코인 가격은 19배 넘게 급등했고, 2018년 연말에는 반대로 연초 대비 80퍼센트 급락했다. 현실적으로 가격이 급격히 변동하는 대상으로는 실생활의 결제나 가치의 저장이 어렵다. 그래서 이를 연결해 주는 역할을 하는 것이 디파이 기반의 스테이블 코인이다. 스테이블 코인은 달러나 원화 같은 법정 화폐로 표시된 코인으로, 시장 가격이 거의 변동하지 않고 안정적으로 유지되는 암호 자산을 말한다. 스테이블 코인을 이용하면 암호 자산을 이용하면서도 가격 변동과 같은 시장 위험을 해결할 수 있다.

마지막으로 디파이는 전체 프로세스를 중앙에서 통제하거나 부조리를 은폐하는 행위를 방지하기 위해 개방형 시스템(오픈 소스)을 기반으로 설계되었다. 사용자나 제3자는 디파이의 전체 프로세스를 언제든지 확인할 수 있고, 서비스와 관련된 다양한 의견을 개진할 수 있다. 이를 바탕으로 디파이는 시스템이나 정책을 변경해 서비스 개선을 도모할 수 있다. 더

전통 금융과 디파이 위험 비교

	전통 금융(핀테크 포함)	탈중앙화 금융
시장 위험	제거 가능	제거 가능 기존 암호 화폐의 시장 위험 극복
신용 위험	관리만 가능	거의 제거 가능
운영 위험	관리하고 있으나 사용자가 확인할 수 없음	관리하고 있으며 사용자가 확인할 수 있고 수정·협의할 수 있음

나아가 운영 위험을 효율적으로 관리하거나 줄일 수 있다. 즉 디파이는 전통 금융 시장의 기존 위험들(신용 및 운영 위험)뿐 아니라 암호 자산 시장의 신종 위험(극심한 가격 변동 위험)까지 해결할 수 있는 방안을 제시하고 있는 것이다.

디파이는 최근 유행하고 있는 금융 기법인 핀테크와도 다르다. 핀테크는 전통 금융과 마찬가지로 중개자의 신용을 바탕으로 구축된다. 그리고 저장되는 정보에 대한 통제와 검열이 가능하다. 반면 디파이는 중개자가 없거나 중앙 집중적인 정책을 최소화한 개방형 시스템으로 구축된다. 공공 네트워크인 블록체인을 활용해서 기록하고 스마트 계약으로 구축되며 정보에 대한 통제나 검열이 불가능하다. 핀테크와 유사한 P2P 대출 성격의 디파이 서비스라 하더라도 중개자가 자

전통 금융, 핀테크, 디파이 비교

	전통 금융	핀테크	탈중앙화 금융
중개자	전통 금융 기관	핀테크 업체	없거나 최소화
지역적 한계	있음	있음	없음
화폐의 발행	국가 및 유관 주체	-	블록체인 프로토콜
중개자	전통 금융 기관	핀테크 업체	블록체인 네트워크
자산의 매매	증권 거래소 (예; S&P500)	-	탈중앙화 거래소
투자 수단	채권, 주식 등의 증권 형태	핀테크 대출, 투자 상품	토큰화된 금융 상품 및 서비스 (ICO, STO 등)
투자 방법	은행이나 금융 기관을 통해서 가능	핀테크 업체	디파이 서비스 업체

금을 보유하지 않고, 차입자borrower나 예치자supplier의 신원을 몰라도 신용 위험 없이 차입 및 예치를 할 수 있다.

일반적으로 대출을 받는 차입자는 디파이 시스템에 담보를 제공한 후 대출을 받게 되어 있다. 만약에 제공한 담보의 현재 가치가 차입 시점의 가치 대비 일정 수준 이하로 하락하는 경우 디파이 시스템은 자동으로 차입자의 담보를 차감하거나 거래소를 통해 매도함으로써 시스템의 안정을 꾀한다. 블록체인 프로토콜 시스템, 스마트 계약을 신뢰할 수 있다는 전제하에 위와 같은 방식으로 신용 위험은 제거할 수 있다. 신용이 필수였던 금융에서 신용 없이creditless 가능한 금융으로 세상은 변화하고 있다.

완전히 새로운 금융

2019년 9월 기준 전 세계에서 디파이 서비스가 관리하는 자산은 약 6000억 원 수준이다. 우리나라 5대 시중 은행의 가계 담보 대출 합계 잔액이 400조 원을 넘는 상황과 비교하면 미미한 규모다. 가장 많은 자산을 맡고 있는 서비스는 메이커다오MakerDAO다. 이 서비스에 맡겨진 금액의 비중이 전체 디파이 서비스의 50퍼센트가 넘는다. 두 번째로 큰 서비스인 컴파운드Compound finance는 단기 시장 차입 및 대출 서비스를 제공하고 있다. 이 두 서비스가 관리하는 금액을 합하면 전체 디파이 시장의 70퍼센트에 달한다. 현재까지는 디파이 서비스의 대부분이 주로 스테이블 코인 발행 및 대출에 치우쳐 있다. 초창기에 높은 활용성을 목표로 한 것과는 달리 아직은 서비스가 광범위하게 제공되지는 않고 있다. 하지만 많은 디파이 프로젝트들이 다양한 분야에서 새로운 서비스를 준비하고 기존 서비스의 확장성을 개선하기 위해 노력하고 있다.

메이커다오는 가장 유명한 디파이 서비스다. 이 서비스는 크게 두 가지 분야로 나뉜다. 바로 탈중앙화 스테이블 코인 발행과 담보 대출이다. 그리고 이 둘은 서로 유기적으로 연결되어 있다. 이더리움 1개의 가격을 300달러로 가정해 보자. 이더리움 1개를 담보로 맡기면 새로운 장부가 생겨난다. 이를 부채 담보부 포지션Collateralized Debt Position·CDP이라고 부른다. CDP의 3분의 2에 해당하는 200달러 상당의 DAI 200개(1DAI≒1달러)가 CDP 생성자에게 지급된다. 즉, 이더리움 1개를 담보로 200개의 DAI를 대출받는 것이다. 메이커다오 사용자들은 가격 변동이 극심한 이더리움을 담보로 가치가 1달러에 고정된 스테이블 코인인 DAI를 대출받아 새로운 곳에 활용할 수 있게 된다. 주택 담보 대출로 비교하면 아파트가 이더리움이 되고 대출금이 DAI가 된다. 차이점은 주택 담보 대출은 은행이라는 중개자가 존재하고 메이커다오는 중개자 대신 블록체인 네트워크와 몇 가지 기본적인 정책이 탑재된 시스템을 활용한다는 것이다.

메이커다오는 공공 블록체인인 이더리움을 활용해 담보를 기록하고 관리한다. 또한 실제 DAI의 유출입, 즉 대출이 드나드는 부분까지 모두 실시간으로 이더리움 블록체인에 저장되기 때문에 데이터 위·변조가 불가능하다. 대출이 발생할 때마다 대출 당시 실시간 가격으로 담보(이더리움)를 맡기고 돈(DAI)을 받게 된다.

이렇게 대출을 통해 만들어진 1달러 가치의 DAI는 스무 곳이 넘는 암호 화폐 거래소를 통해 매매할 수 있다. 이 서비스는 신용 위험 없이 1달러를 가질 수 있다는 장점 때문에 디파이 서비스에서 다양하게 활용되고 있다. DAI를 1달러로 유지하는 방법은 DAI의 시장 가격이 1달러보다 높거나 낮은 경우 DAI의 유통물량을 조절하는 것이다. 예를 들어 DAI 가격이 하락하면, 신규 대출 장부 개설을 통해 얻을 수 있는 차입 금액이 적어지기 때문에 신규 대출이 줄어든다. 또한 기존에 개설되어 있는 대출 장부도 시장에서 DAI를 싸게 사서 갚을 수 있기 때문에 DAI의 매수세가 유입된다. 이는 결국 전체적인 DAI의 공급량 감소를 유발하고 DAI의 가격 상승으로 이어진다. 가격이 1달러보다 높을 때는 반대로 공급량이 늘어난다. 이 외에도 다양한 가격 유지 정책들이 오픈 소스를 통해 공개되어 있다.

문제는 담보물인 이더리움의 가격 변동성이 아직은 지나치게 높다는 점이다. 이에 대해 메이커다오는 기초 담보 자산의 종류를 확대 적용해 문제를 해결하려 한다. 예를 들어 이미 유통되고 있는 다양한 종류의 암호 자산을 담보 자산에 추가해 전체 자산의 변동성을 낮추는 것이다. 차후에는 실물 자산 가격 연계, 상품commodity 연계뿐 아니라 법정 화폐fiat currency

까지도 담보 자산에 추가할 계획이다. 그렇게 되면 담보 대출 분야에 국경 없는 새로운 시장이 열릴 것으로 예상된다.

몇몇 회사들은 위와는 다른 방법으로 1달러에 연동된 스테이블 코인을 제공하기도 한다. 이들은 1달러를 직접 받고, 이후에 이를 기반으로 1달러에 연동된 코인을 발행하는 방법을 사용하는데, 이를 예치금 방식이라고 부른다. 하지만 그들이 고객의 예치금을 실제로 온전히 보유하고 있는지 또는 다른 투자 대상에 투자하는지 정확하게 파악하기가 어렵다. 이러한 형태의 스테이블 코인은 사용자가 높은 수준의 신용 위험을 감내하게 만든다는 측면에서 취약하다.

처음 필자가 직접 경험한 디파이 서비스는 컴파운드였다. 어느 나라에 있는지도 모르는 시스템에 암호 자산 DAI를 예치했다. 이후 15초가 지나자 자동으로 이자가 쌓여 있었다. 의구심을 가지고 예치도 해보고 출금도 해봤다. 이자를 받는 내가 누군지도 모르고 이자를 주는 사람도 누군지 모른 채 자금이 흘러가고 있었다. 11년 넘게 전통 금융 산업에 종사하면서 수많은 ELS와 장외 파생 상품 계약을 해보고 채권 매매도 해봤지만 기존 금융에서는 할 수 없었던 경험이었다.

컴파운드는 현재 메이커다오 다음으로 규모가 큰 프로젝트다. 이는 이더리움 블록체인 기반 단기 대출 및 예치(예금과 유사) 시스템이다. 차입을 위해 이더리움 구입과 담보 설정까지 해야 하는 메이커다오와는 달리 컴파운드는 이더리움뿐 아니라 이더리움 기반의 다양한 토큰들을 예치할 수 있다. 예치만 해놓아도 이자를 수취할 수 있다는 점에서 편리하다. 예치한 토큰을 담보로 잡아서 대출을 받을 수도 있다.

컴파운드는 자산 규모로는 2위지만, 입출금 자유도 때문에 가장 널리 사용되고 있는 디파이 서비스다. 예치 정보는 모두 이더리움 블록체인에 기록되고 블록 생성 시간(평균 15초)마다 이자가 누적된다. 예치하는 규모가 차입하는 규모보다 항상 크게 유지되는데, 이는 신용 위험을 제거하는 장점이 있지만 대출로 풀려나가지 못한 잔여 자산의 금리가 낮아지는 단점을 유발하기도 한다. 담보 자산의 가격이 차입 자산 대비 하락해서 대출 자체가 위험해지면 청산 절차를 밟게 된다. 담보 자산들은 가격 변동 및 유동성이 각각 다르기 때문에 청산되는 비율 또한 다르다.

2019년 10월 16일 기준 컴파운드 내 DAI의 예치 금리는 연 7.36퍼센트다. 이는 1달러에 연동되어 있는 DAI 코인을 예치하면 7.36퍼센트를 연간 이자로 받을 수 있다는 의미다. 현재도 15초마다 이자가 누적되고 있다. 예치와 차입의 규모에 따라 금리가 실시간으로 변동하는데, 이자율은 전반적으로 점점 하락하는 추세다. 그러나 감안해야 하는 위험 요소를 분석하더라도 시장 금리 대비 높은 이자율을 제시하고 있다.

디파이 적용 사례

구분	특징	대표 서비스
스테이블 코인	가격 안정화 보장, 다양한 디파이 서비스와의 연계	MakerDAO(DAI)
담보 대출	쉬운 대출/예치 가능, 높은 접근성, 자동화	Compound
신원 인증	신원 통제권, 공개 최소화, 신원 보안	Bloom
지갑 서비스	암호 화폐 보관 및 관리, 검열 저항, 높은 접근성	MyEtherWallet
탈중앙화 거래소	탈중앙화, 투명성, 개인 지갑 보유	Kyber
파생 상품 / 예측 시장	레버리지 활용한 헤지, 수익 극대화	dydx
자산 토큰화	자산 분산 가능성 높임, 높은 접근성	ERC-1404
스테이킹 서비스	높은 접근성, 24시간 지속성, 쉬운 사용성	Certus One

디파이 서비스의 수요는 증가하고 있다. 그러나 담보 대출을 통해 안정적인 1달러를 만들어 낸다 하더라도 자산 토큰화를 감당할 수 있는 수준의 시장 규모는 만들지 못하고 있다. 암호 자산 시장의 시가 총액 수준은 곧 담보 기반 스테이블 코

인의 최대 발행 한도라고 할 수 있다. 암호 자산을 담보로 맡겨야 디파이에서 쓰이는 스테이블 코인이 발행되기 때문이다. 그러나 2019년 11월 현재 암호 자산의 시가 총액은 240조 원 수준으로, 이는 미국 시가 총액 20위 기업인 코카콜라 수준이다.

위험은 선택의 문제다

디파이는 전통 금융 투자에 비해 신용 위험 관리의 측면에서 우위를 점하고 있다. 운영 위험 면에서도 마찬가지다. 그러나 해결해야 할 숙제는 남아 있다. 첫째는 시스템상의 운영 위험이다. 예를 들면, 블록체인 밖에 있는 데이터를 블록체인 안으로 가져올 때 발생하는 문제, 시스템상 이자율과 가격의 범위를 임의로 변경할 수 있는 문제 등이다. 관리자가 임의로 중요한 요소를 수정할 수 있는 문제는 시스템 전체를 운영하는 데 매우 중요한 부분이다. 디파이는 이런 시스템의 위험이 중대한 결과를 낳을 수 있다는 점에서 다양한 각도로 해당 서비스를 분석하고, 운영 방식을 표준화 및 체계화해야 한다. 또한 디파이 서비스가 메이커다오-컴파운드 식의 연결로 이루어진 경우도 많다. 따라서 연결로 인해 발생할 수 있는 위험까지 고려해야 한다. 현재까지는 지분 형태의 다수결이나 사전 고지를 통해 운영 정보를 사용자와 공유하는 방법으로 해결을 모색하고 있다. 둘째는 법률, 세무적 위험이다. 암호 자산 관련 소득세나 기타 세법을 확정하지 못한 국가가 많다. 우리나라도 현재 그런 국가 중 하나다. 디파이도 암호 자산을 통해 수익을 내기 때문에 세금 관련 문제가 발생할 수 있다. 하지만 2019년 10월 미국 국세청이 암호 자산 관련 세금 가이드라인을 발표하는 등 주요 국가들이 제도 정비에 착수하고 있다.

마지막으로는 관리 자체의 문제다. 신용 위험이 최소화되었다 하더라도 아무도 모르는 지갑에 자산을 두었을 때 이를 후손이나 적법한 유산 상속자가 찾기 힘든 상황이 발생할 수도 있다. 실제로 2019년 2월 캐나다 최대 규모 암호 자산 거래소 쿼드리가CXQuadrigaCX의 대표가 갑작스럽게 사망하면서 거래소에 보관 중인 1600억 원 규모의 암호 자산이 사라질 위기에 처하기도 했다. 이 밖에도 유동성 문제 등의 위험이 있다.

투자 상품을 수익과 위험이라는 두 가지 축을 활용해 평가한다고 해보자. 기대 수익은 동일한데 짊어져야 할 위험의 수준이 다른 두 가지 투자 대상이 존재한다면, 합리적인 투자자는 당연히 낮은 위험의 투자 대상을 선택할 것이다. 디파이는 전통 금융의 신용 위험을 극복했고, 블록체인(투명성)과 스마트 계약(정확성)을 활용함으로써 운영 위험 역시 최소화했다. 그렇지만 디파이는 현재 개발 초기 단계로 운영 위험에 대한 부담에서 완전히 벗어나지는 못했다. 다만 금융 서비스를 사용할 때 신용 위험과 운영 위험 중 어떤 위험을 더욱 선

디파이와 전통 금융의 수익과 위험

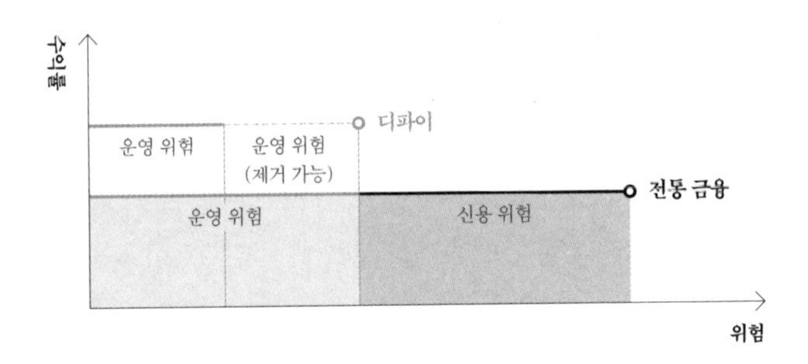

호할 것인지는 개별 경제 주체의 의사 결정에 달려 있다. 향후 디파이의 수요가 점진적으로 증가할 것으로 예상되는 이유다.

1달러를 소유하는 방법은 다양하다. 현금 1달러를 보유하는 방법도 있고 금융 기관에 예치할 수도 있다. 그러나 금융 기관이 신용 위험에 노출되면 예치한 1달러, 즉 통장에 존재하는 1달러를 인출할 수 없는 상황에 처한다. 물론 대형 금융 기관이 신용 위험으로 무너질 가능성은 작지만, 우리는 2008년 금융 위기 때 가능성이 작다고 판단한 위험들이 어떻게 세계 경제를 벼랑 끝으로 몰고 갔는지를 확인했다. 이제는 디파이를 통해서 신용 위험을 최소화하면서 새롭게 1달러를 소유할 수 있는 방법이 생겼다.

몇몇 회사들은 예치금 방식을 활용해 1달러짜리 스테이블 코인을 시장에 공급하고 있다. 2019년 현재 달러에 연동된 스테이블 코인 중 가장 보편적으로 쓰이는 것은 서클에서 발행한 USDC와 테더에서 발행한 USDT다. 서클은 골드만삭스가 투자한 회사로 유명하다. 두 가지 모두 수취한 달러를 담보로 발행되는 코인들인데, 블록체인(스마트계약)을 활용한 디파이와는 다르다. 하지만 전 세계적으로 널리 통용된다는 점과 디파이가 지향하는 새로운 금융 서비스 및 암호 자산 거래의 활성화에 기여한다는 점에서 의미가 있다.

유망한 서비스로는 암호 자산과 전통 자산을 연계한 디지털 자산 증권화 서비스가 있다. 일명 자산 토큰화 혹은 증권형 토큰 프로젝트로 불리는 이 서비스에는 여러 장점이 있다. 첫째, 금융 시장에서 소외된 많은 사람들이 시공간적 제약을 초월해 다양한 자산에 투자할 수 있게 된다. 둘째, 자산의 토큰화는 자산의 분절을 가능케 한다. 주식을 1주 미만 단위로도 투자할 수 있게 되고, 부동산도 원하는 금액만큼만 투자할 수 있게 된다. 시작은 주식이나 부동산이 될 테지만 유동성이 부족했던 다양한 특별 자산들도 토큰화의 주요 대상으로 떠오를 것이다. 결국 투자자들은 다양한 자산에 더욱 손쉽게 투자할 수 있게 된다. 투자자와 자산의 접점이 많아질수록 자산 토큰화의 이점은 더욱 극대화될 것이다.

연결의 제약이 사라진 금융

인도 어느 시골에서 노인이 다양한 요리를 선보인다. 생소한 지역인 인도 중서부 티르푸르Tiruppur에 살고 있는 주방장이자 주인공인 미스터 식스mr.SIX는 주로 인도 남부의 토속적인 음식들을 소개한다. 그가 음식을 만드는 영상들은 평균 1000만 회의 조회 수를 기록하고 구독자 수만 해도 300만 명이 넘는다. 무엇이 이것을 가능하게 했을까?

인류학자 로빈 던바Robin Dunbar는 150이라는 숫자가 한 사람이 진정으로 사회적인 관계를 가질 수 있는 최대한의 규모라고 말했다. 진정한 사회적 관계란 서로의 관계를 정확히 인지하고 있는 관계를 말한다. 그러나 오늘날에는 유튜브, 페이스북, 트위터와 같은 새로운 연결 고리가 등장함으로써 개인은 150명보다 훨씬 많은 사람들과 진정한 사회적 관계를 형성할 수 있게 되었다. 물론 온라인으로 말이다. 그리고 이는 새로운 가치를 창출해 냈다. 유튜브 이용자 수는 19억 명에 달하고 2300만 개가 넘는 채널이 있다. 그리고 세계인들은 매일 10억 시간을 유튜브 영상 시청에 투입하고 있다.

평생 들어 본 적도 없는 외국의 시골에서 음식을 만드는 영상이 서로 단 한 번도 본 적이 없는 사람들끼리의 연결을 통해 새로운 가치를 만들어 냈다. 전 세계적으로 풍부한 수요와 공급이 있고 제약이 없는 비디오 플랫폼 세상에서 세계인들은 원하는 상품을 찾고 즐기고 있다. 디파이는 새로운 금융의 유튜브라고 할 수 있다. 투자자는 구독자이며, 투자 자산들은 채널들이 된다. 금융 플랫폼과 비디오 서비스 플랫폼이라는 차이만 있을 뿐이다.

모든 것은 연결될 것이고 궁극적으로 매매와 교환의 수단인 금융 자체는 눈에 드러나지 않는 미래가 도래할 것이다. 암호 화폐와 디파이는 중간자 역할을 할 것이다. 변화의 끝이 어디인지는 예측하기 어렵다. 연결 부족으로 그동안 찾지 못했던 좋은 자산들은 우리가 모르는 어딘가에 있다. 접근하기 쉬운 새로운 금융 시스템인 디파이가 발전하여 연결의 촉매가 되고 기존 금융 시스템의 불편함을 해결한다면 새로운 금융의 미래가 도래할 것이다.

한서희는 법무법인 바른 4차 산업혁명 팀의 파트너 변호사다. 디파이 프로젝트, 거래소 등 암호 화폐 관련 산업의 소송, 자문을 맡고 있다. 부산시의 블록체인 규제 자유 특구 선정 당시 자문 변호사로 일했다. 블록체인의 미래를 신뢰하며 활동하고 있다.

6 자산 토큰화 시대, 현재와 미래

STO와 디지털 자산

증권형 토큰 공개 STO는 Security Token Offering의 약어로 증권형 토큰을 발행하는 것을 말한다. 증권형 토큰이란 블록체인을 기반으로 부동산, 천연자원, 미디어 콘텐츠 등 자산을 유동화하고 프로젝트의 성공 여부에 따라 투자자에게 그 수익을 배분하는 토큰, 회사의 지분권 등 각종 수익을 분배하는 토큰 등 다양한 형태로 나타날 수 있다.

STO가 ICO의 대안으로 제시되기 시작한 것은 STO를 통해서 실물 자산 가치에 대한 권리 확보가 가능할 것이라는 기대 때문이다. ICO 시장이 침체되기 시작하면서 STO에 대한 기대감이 높아졌다. ICO 시장이 침체된 원인에는 여러 가지가 있지만 유틸리티 토큰의 실질적 가치에 대한 의문도 한 축을 이루고 있다. 이러한 상황에서 실물 자산과의 연계를 갖고 있는 STO는 훨씬 더 나은 투자 대안이 될 수 있다는 것이다. 또한 STO는 기존의 규제 체계 내에서 실행 가능한 방법을 고안한 것이라는 측면에서 기존 금융 시장의 투자자 보호 장치의 범위 내에 있다는 장점도 있다.

STO가 ICO의 대안이 될 수 있다고 하더라도 STO 자체의 장점이 없다면 기업의 자금 조달 수단으로 활용되기는 어려울 것이다. 기존 자금 조달 방법의 대안이 되기 위해서는 증권이라는 개념과 달라야 하기 때문이다. 그런 측면에서 STO

는 어떤 장점이 있을까? STO를 이용하면 자금 조달 과정이 간소화되고 비용이 절감된다. 블록체인을 통한 데이터 기록과 전송 과정을 통해 기존 시스템의 도움 없이도 투명성과 신뢰성, 안정성을 확보할 수 있다. 그리고 고가의 안전 자산에 대한 분할 소유가 가능하다는 점도 장점으로 언급된다. 그래서 빌딩의 토큰화, 미술 작품의 토큰화 등에 대한 논의도 이루어지고 있는 것이다.

미국 ; 토큰도 증권이다

아직 증권형 토큰을 별도로 규정해 증권과 다른 법적 성질로 다루는 경우는 없는 것으로 보인다. 싱가포르나 스위스가 가이드라인을 통해 증권형 토큰이 증권으로 취급될 수 있다는 점을 언급하는 정도다.

우선 미국을 살펴보자. 미국 증권거래위원회SEC는 2018년 11월 16일 투자 대상이 디지털 자산 증권인 경우에도 1940년에 제정된 투자 회사법에 따라 증권에 투자하는 통합 상품의 등록 및 규제 체계가 적용된다는 점을 천명했고, 디지털 자산 증권은 ATSAlternative Trading System(상장 및 시장 감시 역할은 수행하지 않고 거래의 기능만 수행하는 시스템) 대체 거래소로 등록된 곳에서만 거래가 가능하다는 점을 명시적으로 밝혔다. 이러한 입장에 비추어 볼 때 미국에서 STO를 진행할 경우

연방 증권법에 따라 증권을 SEC에 등록registration하거나 면제exemption받아야 하고 면제를 받기 위해서는 소액 공모 절차 또는 공인된 적격 투자자만을 대상으로 한 판매 등의 요건을 준수해야 한다. 이후에는 증권형 토큰 거래 플랫폼으로서 ATS 대체 거래소로 등록된 거래소에서 토큰을 거래해야 한다. 미국은 증권법상 요건을 갖추고 있다면 토큰도 증권에 해당한다는 입장이다. 기반 기술이나 형태와 상관없이 그에 부착된 권리관계가 무엇인지에 기반해서 판단하는 입장으로 보인다.

우선 미국에서는 증권 해당 여부를 하위 테스트Howey test를 통해 판단한다. 테스트에 따라 해당 요건이 충족되면 투자계약 증권으로서 증권성이 인정되고 미국 증권법상 요건에 따라 발행 및 유통이 되어야 한다. 하위 테스트의 요건은 다음과 같다. ①금전의 투자가 있고a person invests their money ②금전이 공공의 사업에in a common enterprise 투자가 되며 ③그 목적이 투자로부터 이익을 얻기 위한 것with an expectation of profits이고 ④투자된 금전으로부터 발생하는 수익이 오로지 사업자나 제3자의 노력에 의한 것based on the efforts of the promoter or a third party이어야 한다.

미국 SEC가 하위 테스트를 적용해 암호 자산의 증권성 여부를 판단한 것이 바로 DAO 케이스다. SEC는 DAO 토큰을 증권으로 보았는데 구체적인 이유는 다음과 같다. 우선 증권성 여부는 그 실질에 따라 판단되어야 한다. 투자자들이 이 토큰에 자금(현금에 국한되지 않음)을 투자했다. 그리고 이익에 대한 합리적 기대가 존재한다. 타인의 노력으로부터 이익을 얻은 DAO 토큰 소유자들의 투표권(참여권)은 제한되어 있다.

이러한 사례를 통해서 다음과 같은 토큰을 증권형 토큰으로 볼 수 있다. 회사의 지분 또는 회사 내 토큰 소유자들의 법적 책임, 다른 토큰 보유자들 간의 약정을 표시하는 토큰, 투자자에게 발행인인 법인에 대한 어떠한 권리를 부여(소유권, 참여, 또는 회원 자격을 부여)하는 토큰, 토큰의 가치가 미래의 이익이나 사업의 성공에 연계되거나 미래의 현금 흐름에 참여할 수 있는 권한이 부여된 경우다.

미국 SEC는 또 2019년 4월 "디지털 자산 증권 발행 및 거래에 관한 성명"을 발표했다. 이 성명에 따르면 증권형 토큰은 다음과 같은 사항에 유의해야 한다. 투자 대상이 디지털 자산 증권인 경우에도 1940년 투자 회사법에 따른 증권에 투자하는 통합 상품의 등록 및 규제 체계가 적용된다. 거래소의 정의에 부합하는 기관은 전국적 증권 거래소로 위원회에 등록하거나 규정Regulation ATS에 따라 대체 거래 시스템으로 운영되고 있다는 등의 이유로 등록 면제를 받아야 한다. 디지털 자산 증권 거래 플랫폼을 제공하는 모든 주체는 어떤 기술을 사용하든 연방법에 의거해 SEC에 등록해야 한다. ICO를 통해 디지털 자산 증권을 발행하고 디지털 자산 증권의 유통을 촉진하는 단체는 위원회에 등록하고 금융 산업 감독 기구FINRA 같은 자율 규제 조직에 가입할 의무를 지는 '중개인'이나 '딜러'로 활동할 수 있다. 이때 증권거래소법 등 관련 규제를 받게 되며 법률에 근거해 등록해야 한다.

최근에는 미국 인터넷 쇼핑몰인 오버스톡Overstock의 자회사 BSTXBoston Securities and Token Exchange가 퍼블릭 STO 토큰 거래를 위해 미국 SEC에 승인을 요청했다. 증권의 소유권을 이더리움 블록체인에 기록하는 '자동 증권 거래 플랫폼' 출시를 위해 기존 규칙을 변경하는 신청서를 제출한 것이다. SEC에서는 이러한 규칙 변경안과 관련한 이해관계자들의 의견 수렴 절차를 진행 중이다.

당초 오버스톡은 STO 거래 플랫폼 티제로tZERO를 론칭했었다. 티제로는 등록 면제 요건에 따라 만들어진 토큰만 거래할 수 있었다. 그러나 BSTX는 모든 STO 거래를 지향하면서 BSTX의 계획이 언제, 어떻게 실행될 수 있을지에 관해서 기재한 규칙 변경안을 제출하였다. BSTX의 변경안에 따르면 BSTX는 이더리움 블록체인에 소유권 기록을 백업해 거래일이 끝날 때마다 로그 기록logbook을 갱신한다. 갱신된 기록은 시장 참가자의 공식 소유권 기록으로 추가된다. 승인된 지갑 주소를 관리하는 지갑 관리자는 거래 기록을 이더리움 블록체인에 보내기 위해 매일 가스gas(이더리움 네트워크 거래 수수료)를 지불해야 한다. 또한 거래소에 상장된 토큰은 소유권, 허용된 지갑 주소whitelisted addresses, 규제 준수 여부 등을 추적하기 위해 세 가지 서로 다른 스마트 계약으로 이뤄진 프로토콜의 추가 보안 조치와 함께 ERC-20(이더리움 블록체인 네트워크에서 정한 표준 토큰 규격) 표준을 만족해야 한다.

BSTX 측에서 플랫폼 운영을 위해 제안한 규칙은 전통적인 거래소에서 이미 시행 중인 내용과 유사하다. 기존 금융 시장은 자율 규제 기구SRO인 FINRA가 지정한 참여자 ID(MPID)로 누가 거래를 하고 있는지, 혹은 어떻게 그들과 거래할 수 있는지 파악한다. BSTX 플랫폼에서 거래하는 개인은 '허용된 지갑 주소'를 식별자로 사용하게 된다.

일본 ; 증권형 토큰은 전자 기록 이전 권리다

암호 자산의 공개 판매와 관련한 법과 제도가 미비한 일본에서는 적극적으로 토큰 발행 사업을 추진하기 어려웠다. 그러나 2019년 초부터 관련 제도 마련을 위한 절차가 속도를 내기 시작하면서 일본에서도 증권형 토큰을 발행할 수 있는 기반이 만들어지고 있다.

지난 5월에는 일본 자금결제법과 금융상품거래법이 개정되면서 토큰 판매 행위에 대한 조항이 포함됐다. 특히 증권형 토큰에 대한 내용이 포함된 금융상품거래법은 2020년부터 시행될 예정이다. 금융상품거래법은 증권형 토큰을 "전자 기록 이전 권리"로 규정하고 있다. 법 개정에 따라 일본에서의 증권형 토큰 발행은 기존의 증권 공개와 거의 비슷한 규제를 적용받게 될 것으로 보인다. 증권과 마찬가지로 공시 요건을 충족해야 하며, 증권형 토큰 발행을 추진하는 브로커는 금융 당국에 등록된 기관이어야 한다. 이때 발행하는 증권형 토큰의 구조와 디자인 등 세부적인 내용을 함께 공개해야 하므로 일반 증권보다 공시 요건이 까다롭다는 평가도 나온다. 증권형 토큰은 '집합 투자 상품에 대한 지분'으로 여겨져 투자자는 발행자로부터 배당을 받을 권리가 생긴다. 이러한 증권형 토큰 발행 관련 규정은 일본 금융청이 법령과 시행령을 공포하면 바로 시행된다.

증권형 토큰 발행 관련 규제 시행을 앞두고 대형 증권사들은 증권형 토큰의 발행과 판매에 관한 조직적인 지원을 위해 일본 STO 협회를 발족했다. 협회는 증권형 토큰 발행 자율 규제 기관으로, 노무라 증권과 다이와 증권 등 일본을 대표하는 증권사 6곳이 함께 설립했다. 일본 업계에서는 블록체인의 특성에 따라 증권형 토큰을 통해 부동산 수익권과 펀드 지분을 보다 광범위하고 안전하게 이전할 수 있다는 점에 주목하고 있다.

한국 ; 절차와 효율의 리스크

국내에서 STO는 가능할까? 가능하다면 어떤 방식일까? 대한민국법상 금지되지 않은 방식으로는 가능하다는 답을 할 수 있을 것이다. 다만 규제 리스크가 있는 것도 사실이다. 한국은 우선 디지털 자산에 대한 법적 규제가 별도로 존재하지 않으므로 사실상 기존의 자본시장과 금융투자업에 관한 법률의 규제에 따라야 한다. 이러한 전제하에서 가능한 방법을 생각해 보자.

우선 대한민국 자본시장법상 금융 투자 상품에 해당하는지 살펴보아야 한다. 자본시장법 제3조 제1항은 금융 투자 상품에 관하여 ①이익을 얻거나 손실을 회피할 목적으로 ②현재 또는 장래의 특정 시점에 금전, 그 밖의 재산적 가치가 있는 것을 지급하기로 약정함으로써 취득하는 권리로서 ③그 권리를 취득하기 위하여 지급하였거나 지급하여야 할 금전 등의 총액이 그 권리로부터 회수하였거나 회수할 수 있는 금전 등의 총액을 초과하게 될 위험이 있는 것을 말한다고 규정하고 있다.

증권형 토큰은 일반인이 시세 차익 등의 이익을 얻을 목적으로 구입하는 것으로 볼 수 있으므로 ①의 '이익을 얻거나 손실을 회피할 목적'이라는 요건에는 해당하는 것으로 보인다. 다음으로, 증권형 토큰의 취득 대가로 암호 자산을 지급하는데, 암호 자산은 금전에는 해당하지 않음이 명백하다. 그러나 재산적 가치가 있는 것으로 볼 수 있는지에 대해서는 여러 견해가 있다. 현실적으로는 암호 자산을 재산적 가치가 있는 것으로 보는 것이 합리적이다. 따라서 ②의 '금전 등 지급'이라는 요건도 충족될 것이다. 마지막으로 ③의 '투자성' 요건이 문제가 된다. 투자성이란 곧 원본 손실 가능성을 말하는 것으로 이는 시장 가격의 변동에 따른 시장 위험을 포함하는 것이다. 토큰은 암호 자산 거래소에 상장되어 거래될 것을 전제로 발행되는 유통의 대상이다. 따라서 유통 과정에서 취득가액보다 낮은 가액에 매도할 수도 있는 것이므로 원본 손실 가능성이 있다고 볼 수 있다. 즉, 투자성 요건도 충족하는 것이다. 따라서 증권형 토큰은 자본시장법 제3조 제1항에서 규정하고 있는 금융 투자 상품의 일반적인 요건에는 해당한다.

한편 자본시장법은 제4조 제2항에서 증권의 종류를 여섯 가지(채무 증권, 지분 증권, 수익 증권, 투자 계약 증권, 파생 결합 증권, 증권 예탁 증권)로 구분하고 있고, 제4조 제3항 내지 제8항에서 종류별 증권의 정의를 규정하고 있다. 자본시장법상의 금융 투자 상품인 증권에 해당하기 위해서는 제4조 제1항의 증권의 일반적인 정의 규정에 해당하는 것만으로는 부족하고 그에 더해 여섯 가지 증권의 종류 중 하나에 해당해야 한다.

일반적으로 증권형 토큰이 배당을 전제로 한다면 투자 계약 증권에 해당할 가능성이 크다. 부동산 신탁 등 SPC를 구성하고 이것을 통해 주식을 발행한다면 이때 주식의 법적 성질은 수익 증권이다. 만일 백서를 분석하고 토큰에 표창된 권리의 성격이 증권의 성격을 만족한다면 토큰은 금융 투자 상품에 해당하고 자본시장법에 따라 발행 및 유통이 이루어져야 한다.

증권형 토큰을 발행할 때, 증권 신고서를 제출해야 하는 일반 공모는 현실적 제약이 있다. 증권 신고서를 제출하는 곳은 금융위원회인데 사업자가 증권 신고서 및 각종 서류를 제출하는 것만으로 모든 절차가 완료되는 것은 아니다. 이 신고는 수리를 요하는 신고이기 때문이다. 사업자가 증권 신고서를 제출하더라도 금융위원회에서 신고를 수리하지 않으면 사업자는 의무를 이행하지 않은 것이 된다. 따라서 일반 공모를 통해서 STO를 진행할 수는 없을 것이다.

다음으로 생각해 볼 수 있는 것이 소액 공모다. 이때 모집 금액이 10억 원 미만일 경우에는 소액 공모 방식으로 진행할 수 있다. 이 경우 증권 신고서 제출 의무가 면제된다. 물론 각종 서류를 제출해야 하므로 이 절차가 간편한 것만은 아니다. 하지만 현 단계에서는 STO의 한 방법으로 생각해 볼 수 있다.

또 다른 방법으로는 사모를 통한 발행이 있다. 이 역시 증권 신고서 제출 의무가 면제된다. 다만 현행법상 청약 권유를 최대 49인에게 할 수 있다. 주의할 것은 투자자가 아니라, 청약 권유 대상이 최대 49인이라는 점이다.

마지막으로 생각할 수 있는 것은 온라인 소액 투자 중

개업자로 등록된 크라우드 펀딩 업체를 통해 증권형 크라우드 펀딩을 하는 방법이다. 현재로선 증권을 발행해서 예탁해야 한다는 점에서 자산 토큰화 방식과 충돌이 있을 수 있다. 그러나 이를 제외하고는 규제 측면에서의 리스크는 가장 적은 방법이다. 다만 모집 금액이 연간 최대 7억 원이어서 사업적 매력이 크지 않을 수 있다.

결국 대한민국에서 증권형 토큰을 발행하려면 절차상 위험을 감수하거나, 자본 조달의 효율성을 상당히 포기해야만 한다. 이런 연유로 국내에서는 현재 증권형 토큰 발행을 통한 자금 모집이 잘 이뤄지지 않고 있다. 대신 자산 유동화 방식의 STO가 많은 주목을 받고 있다.

자산 유동화 토큰

자산 유동화 토큰은 부동산이나 미술품 같이 유동성이 부족한 자산을 토큰화한 후 분할하여 매수하는 방식의 토큰이다. 부동산 수익 증권을 토큰화하거나 미술품을 토큰화한다. 수익 증권이나 집합 투자 증권을 토큰화해서 판매하는 방식이 될 수 있다. 한 개의 부동산을 토큰화해서 판매한다면 이는 수익 증권을 판매하는 것이 되고 여러 개의 부동산이나 미술품을 포트폴리오로 구성한 뒤 그에 대한 수익을 배분하는 토큰을 발행한다면 이는 집합 투자 증권을 토큰화하는 것이 될 수 있다.

미국에서는 이미 이런 방식의 토큰이 발행, 판매되고 있다. 2018년 10월 미국 콜로라도주의 세인트레지스 아스펜 리조트St. Regis Aspen Resort가 크라우드 펀딩 플랫폼 인디고고를 통해 전체 리조트 가치의 18.9퍼센트에 해당하는 지분을 토큰화해 1800만 달러 모금에 성공했다. 이 공모는 미국 SEC 규제에 따라 증권형 토큰을 발행하는 방식으로 이루어졌고, 투자자들은 아스펜 토큰을 지급받고 정기적인 배당을 받는다. 아스펜 토큰은 미국 대체 거래소 라이선스를 가진 템플럼Templum 거래소에 상장돼 거래되고 있다.

국내에서는 최근 금융위원회의 혁신 금융 서비스를 통한 자산 유동화 토큰 발행이 예상되고 있다. 혁신 금융 서비스는 현재 증권형 토큰 방식을 준비 중이다. 혁신 금융 서비스로 신청한 카사코리아Kasa korea는 은행 및 부동산 신탁사가 상업용 부동산을 담보로 자산 유동화 증권을 디지털화한 DABSDigital Asset Backed Security를 발행하고, 누구든 소액으로도 이를 쉽게 사고팔 수 있는 거래소를 개설한다는 계획이다. 프로세스는 다음과 같다. 먼저 ①부동산 소유자가 신탁 회사와 신탁 계약을 체결하고 ②신탁 회사는 공모를 통해 신탁 수익 증권을 발행한다. ③발행된 수익 증권은 신탁 회사가 보관하고 신탁 회사는 수익 증권에 대한 반환 청구권을 표시하는 전자 증서를 투자자에 교부한다. ④이후 투자자는 신청인이 개설한 플랫폼을 통해 다자간 매매 체결 방식으로 전자 증서를 거래하게 된다.

카사코리아는 수익 증권의 발행과 관련하여 자본시장법 제110조 제1항, 플랫폼 개설을 위해 거래소 허가와 관련된 자본시장법 제373조, 증권 거래 중개를 위해 투자 중개업 인가와 관련된 자본시장법 제11조에 대한 적용 제외를 신청했다.

코스콤koscom은 블록체인을 통해 비상장 초기 혁신 중소 기업의 주주 명부 관리 및 장외 거래 편의성 제고를 위한 서비스를 준비하고 있다. STO와는 차이가 있지만 주주 명부를 블록체인으로 관리하고 P2P 거래를 지원하는 플랫폼이 생긴다는 점에서 STO를 지원하는 거래소 시스템의 구축이라는 의미가 있을 것이다. 코스콤은 자본시장법상 투자 중개업 인가 없이 해당 거래 시스템을 구축할 수 있는 특례를 신청했다.

자산과 권리의 토큰화 시대

STO는 회사나 특정 상품, 프로젝트의 수익을 분할해서 토큰 보유자에게 분배할 수 있다는 배당 목적에서부터 자산 유동화 수단으로까지 다양하게 활용될 수 있을 것이다. 특히 자산 유동화 토큰 시장에서 블록체인 기술을 이용하여 자산을 토큰화하면 투자자들은 더 빠르고 쉽게 거래할 수 있게 된다. 거래되는 토큰 가격을 통해 자산의 현재 가치를 역추적하는 시장도 생길 수 있다. 자산의 가격이 토큰의 가격을 결정하는 것으로 시작해 토큰의 가치가 자산의 가격을 역으로 형성할 가능성도 있다는 것이다. 이를 통해 자산 소유자는 자본 시장을 통해 자본을 조달할 기회를 얻게 될 것이다. 부동산 토큰을 담보로 한 대출 서비스, 부동산 토큰을 주고받는 매매 시장도 가능하다. 일단 부동산 토큰이 발행되고 나면 이를 활용한 다양한 금융 서비스들을 만들어 나갈 수 있다.

부동산이 아닌 다른 자산들, 특허권이나 저작권과 같은 권리 및 미술품의 유동화 시장도 기대할 수 있다. 다만 권리 이전에 대한 효력 인정 여부와 관련해서는 법률적인 한계가 있다. 따라서 법적 제약이 가장 적은 미술품 시장에서 많이 활용될 수 있을 것으로 보인다.

이런 방식의 실험적 상품이 하나둘 성공하면 그동안 유동화가 불가능한 것으로 여겨졌던 수많은 재화와 권리의 양도가 용이해질 것이다. 그에 따른 별도의 시장도 만들어질 것이다. 무엇보다 이러한 상품의 장점은 시간과 공간의 제약 없이 거래할 수 있고, 권리 이전 비용이 거의 들지 않는다는 점이다. 소유권 증명을 위해 소요되는 비용도 별도로 지출할 필요가 없다. 금이나 은, 구리와 같은 원자재도 토큰화가 가능한 재화다. 이미 스테이블 코인 형태로 등장하고 있는데, 자산 유동화 방식으로 발행되는 것도 가능하리라 생각한다.

STO의 미래 그리고 블록체인의 미래에 대해 많은 사

람들은 반신반의하고 있다. 지금은 시작 단계이기 때문에 그 미래를 완벽하게 예측하기는 어렵다. 하지만 머지않은 미래에 블록체인이 더 많은 재화의 소유권 이전 수단이 되어 자산의 토큰화, 그리고 권리의 토큰화를 이룰 것이라 기대해 본다.

정호석은 국내 법무법인 중 최초로 블록체인 TF를 만들고 엔터프라이즈 이더리움 얼라이언스(EEA)에 가입한 법무법인 세움의 대표 변호사다. IT 기업 및 스타트업 자문, 국내외 주요 ICO 프로젝트와 암호 화폐 투자사 자문 등을 주로 수행하고 있다. 현재 대한변호사협회 IT블록체인특별위원회 위원장과 테조스 코리아(TEZOS KOREA) 재단의 비상임이사직을 겸임하면서 블록체인 산업의 제도화를 위해 노력하고 있다.

7 자금 조달 방법으로서의 ICO

ICO의 세 가지 차이점

ICO는 블록체인 기술을 기반으로 한 프로젝트에 필요한 자금을 암호 화폐 또는 법정 화폐로 모집하면서 이에 대한 명시적·묵시적 반대급부로 자체 암호 화폐(토큰)를 지급하는 것을 의미한다. 전통적인 자금 조달 방안의 경우 필요한 자금을 법정 화폐로 모집하고 그에 대한 반대 급부로 증권을 발행한다는 점에서 차이가 있다. ICO를 통해 지급되는 암호 화폐는 증권에 해당하지 않아 각국 증권법의 규제 범위에 포함되지 않는다. 따라서 각국 증권법의 적용을 받지 않고 전 세계를 대상으로 빠르게 자금을 조달할 수 있다. ICO가 확산되고 있는 이유다. 2017년에는 총 7조 5000억 원, 2018년 상반기에는 총 15조 원이 ICO를 통해 조달되었다.[13]

세계 최초의 ICO는 2013년 마스터코인Mastercoin의 ICO로 알려져 있다. 국내에서는 2017년 스위스 재단을 통해 진행된 보스코인Boscoin의 ICO가 시작이었다. 보스코인의 뒤를 이어 아이콘ICON, 에이치닥HDac, 메디블록MediBloc 등이 2017년에 ICO를 진행했다. 국내 기업이 관여한 ICO는 2018년에 총 77개로 늘었다. 그중 8개 이상이 3000만 달러 이상의 자금을 조달한 것으로 알려져 있다.[14]

ICO는 자금 조달의 수단과 지급하는 대가가 다르다는 점 외에도 다음과 같은 차이가 있다. 첫 번째는 ICO가 프로젝트의 완성을 전제로 조달할 자금의 규모를 결정하고, 지급하는 암호 화폐의 가치를 산정한다는 점이다. 즉, 프로젝트의 개발 및 사업화가 성공적으로 이루어질 때까지 필요한 자금을 산정하여 조달하고, 프로젝트가 완성되었을 때의 가치를 총 발행 암호 화폐의 장래 가치로 산정하는 것이다. 회사가 자금 조달을 위해 주식을 발행하는 경우에도 회사의 미래 가치를 고려하기는 하지만, ICO는 이에 비해 훨씬 먼 미래의 모습과 불확실한 상태를 전제로 가치를 산정하는 특징이 있다. 다만, 이러한 특징은 기존 사업을 활용한 형태의 ICO인 리버스 ICOReverse ICO가 활성화되면서 점차 약화하는 추세다.

두 번째는 자금 조달을 위해 고려해야 할 정보를 인터넷 홈페이지 등에 백서의 형식으로 게재해 제공하는 것이다. 백서의 기재 사항에는 많은 변화가 있었다. 초기에는 기술에 대한 내용만으로 구성되었으나, 점차 팀원, 프로젝트 목표, 토큰 이코노미, 자금 사용 방법 등 증권 신고서 기재 사항과 유사한 항목들이 포함되고 있다. 회사가 주식을 발행할 때에는 증권 신고서를 금융위원회에 제출하고 법에서 정한 투자 설명서를 공개함으로써 증권 모집에 필요한 정보를 제공한다.

주요 정보 공개와 홍보가 주로 SNS를 통해 이루어진다는 것도 차이점이다. 전통적인 자본 시장에서는 각국의 공시 시스템으로 정보를 공개하지만, 암호 화폐의 발행 및 거래와 관련한 공시 기관은 존재하지 않는다. 암호 화폐의 특성상 ICO 참여자들은 전 세계에 흩어져 있고, 신원 확인이 되지 않는 경우도 많기 때문에 어디서나 익명성을 유지하면서 활용하기 쉬운 SNS를 활용하는 것이 일반적이다. 지금은 자금 세탁 우려로 대다수의 ICO가 참여자들의 신원을 요구하고 있어서 익명성 유지의 필요성은 줄어들었다. 그러나 주요 정보를 공유할 대안을 찾기 어려워 SNS가 많이 활용되고 있다.

한국 회사들은 정부의 ICO 금지 방침으로 인해 싱가포르 등 해외에 페이퍼 컴퍼니[15]를 설립한다. 페이퍼 컴퍼니는 암호 화폐를 발행하는 역할만 수행하고, 국내 회사가 개발, 홍보 등의 업무를 총괄하는 구조적 특징이 있다. 국내 회사는 페이퍼 컴퍼니와 용역 계약을 체결하여 자금을 조달하고 업무 비용을 충당한다.[16]

ICO의 구조적 리스크

ICO는 장소에 구애받지 않고 빠르게 자금을 조달할 수 있으며, 전 세계 참여자들의 집단 지성을 통한 검증을 받을 수 있다는 장점을 갖고 있다. 그러나 구조적 리스크를 안고 있는 것도 사실이다.

우선 ICO는 먼 미래의 성과를 전제로 암호 화폐의 가치를 산정한다. 주식 발행 등으로 자금을 조달하는 일반적인 기업들은 회사의 성장 단계에 따라 수차례에 걸쳐 자금을 확보하지만, 대부분의 ICO는 프로젝트가 성공적으로 수행될 때까지 필요한 자금을 사업 초기에 조달하는 방식이다. 즉, 매출과 성과가 나오지 않은 엔젤 투자seed capital 단계, 위험이 너무 커서 생존 가능성이 극히 작다는 의미로 죽음의 계곡valley of death으로 불리는 단계에서 불특정 다수를 대상으로 프로젝트를 완성하고 자체적으로 운영이 가능한 단계까지 필요한 자금을 모집하는 것이다.[17] 이러한 구조로 인해 ICO는 성장 단계별로 성과 달성 여부를 판단하거나 이에 맞는 자금 규모나 조달 시기를 결정할 수 없어 필연적으로 더 큰 불확실성과 위험성을 갖게 된다.

리버스 ICO라는 형태가 출현하기 전, 대부분의 ICO는 가시화된 근거 자료 없이 팀원의 역량 및 백서를 통해 자금을 조달해 왔다. 백서에 어떤 사항을 기재해야 하는지를 정한 규정이나 규칙이 없기 때문에 시장의 요구, 상황에 따라 자유롭게 어떤 사항을 기재할지 결정한다. 최소한도로 기재해야 할 내용이나 기준에 대한 규정 혹은 규칙도 존재하지 않기 때문에, 탄탄한 이론적 근거를 가지고 백서를 작성하는 경우부터 다른 백서의 내용을 모방하거나 실질적인 내용 없이 추상적인 수사와 구호만으로 작성하는 경우까지 있다. 주요 사항을 과장하거나 허위로 기재한 백서도 적지 않다. 업무에 전혀 관여하지 않는 사람에게 금전을 지급하고 어드바이저로 게재하는 프로젝트, 파트타임으로 근무하거나 다른 회사에서 겸직 중인 사람을 팀원으로 게재하는 프로젝트, 구체적인 협력 내용이 정해지지 않은 상황에서 유명 기업과 파트너십을 맺은 것처럼 기재하는 프로젝트 등이다.

실제로 필자는 수백억 원을 조달할 목표를 세운 ICO 프로젝트에 블록체인 개발자가 한 명도 없다는 사실을 알게 되어 담당 임원에게 개발자 없이 어떻게 프로젝트를 진행할 것인지 질의한 적이 있었다. 그 임원은 자금만 조달한다면 얼마든지 훌륭한 개발자를 채용할 수 있는데 무엇이 문제냐고 반문했다. 그러나 이는 사기죄 성립 가능성이 있는 심각한 문제다.

프로젝트 운영 과정에서 암호 화폐의 거래에 참조할 중요 정보를 투자자들에게 제대로 공개하지 않는 것도 문제다. 프로젝트 연구 개발 상황, 모집한 자금의 사용 내역, 프로젝트 팀 멤버 또는 주요 기관 투자자 암호 화폐 처분 상황 등과 같이 당연히 알아야 할 정보들도 대부분 공개되지 않고 있다. 기관 투자자 및 프로젝트 팀원들이 이러한 상황을 이용해 내부자들만 아는 정보(대표적으로 주요 거래소 상장 시기)를 활용해 거래 시점을 정하거나, 모집한 자금 중 상당수를 프로젝트 개발 및 운영과 관련 없는 용도로 사용하기도 한다.

거래의 투명성을 강조한 블록체인 프로젝트에서 정보

의 불투명성으로 인해 문제가 발생한다는 것이 모순 같지만, 정보의 불투명성은 블록체인 내의 문제가 아니라 블록체인 프로젝트를 진행하는 팀원과 프로젝트의 내용, 진행 상황에 대한 것이다. 블록체인 자체와는 무관한 영역이다. 따라서 이 부분은 블록체인 산업의 발전과 별개로 시장에서 자율적으로, 또는 제도적으로 해결해야 할 문제다.

페이퍼 컴퍼니 ICO

한국 회사들은 정부의 ICO 금지 방침을 회피하기 위해 싱가포르 등 해외에 페이퍼 컴퍼니를 설립해 암호 화폐를 발행한다. 이러한 구조로 인해 한국 기업 ICO의 특수한 문제가 발생하기도 한다. ICO를 위해 설립한 해외 법인을 한국 법인 또는 한국 법인의 대표와 동일시하는 경우가 대표적인 예다. 한국 법인과 해외 법인의 거래 관계를 투명하지 않게 진행하거나 한국 회사 자산과 해외 법인 자산 소유 관계를 불분명하게 정리하는 것이다.

한국 법인은 해외 법인으로부터 용역을 받아 사업 개발, 홍보, 연구 개발 등의 업무를 수행하고 이에 따른 용역비를 지급받는 형태로 운영된다. 한국 법인과 해외 법인의 실질적 경영진이 동일하거나, 해외 법인이 한국 법인 경영진의 실질적 지배를 받게 되므로 한국 법인에 유리하게 용역비를 책정하는 경우가 많다. 또 은행 계좌와 달리 계좌의 명의가 없는 암호 화폐 지갑의 특성으로 인해 해외 법인의 암호 화폐 지갑에 보관되어 있는 모집 암호 화폐 및 해외 법인 발행 암호 화폐를 한국 법인 또는 한국 법인 대표의 소유로 오인하는 경우가 있다. 한국 법인 또는 대표가 해외 법인의 암호 화폐 지갑을 혼용하는 경우는 문제가 더 심각하다.

ICO를 진행하는 과정에서 업무를 수행하는 여러 회사들의 업무 비용 역시 공개되지 않고 당사자들 사이에 암암리에 결정되는 경우가 많다. ICO를 홍보해 주는 업체, 암호 화폐의 상장을 도와주는 중개 업체, 행사를 지원해 주는 서비스 업체, 토큰 이코노미 설계 등을 자문해 주는 컨설팅 업체, 투자 유치를 도와주는 업체, 커뮤니티 관리 업체 등 수많은 업체가 활동을 하고 있지만 제도권 내에서 활동하는 것은 아니다. 관련 업체의 수가 적고 업체별 실력과 성과 검증도 어려워서 비용 역시 전통적 금융 시장의 적정액에 비해 높게 책정되고 있다.

실제로 유명 거래소 상장을 돕는 한 업체는 20만 달러의 용역비 선지급을 요구하기도 했다. SNS 홍보의 대가로 3개월간 50만 달러를 요구하는 경우도 있었다. 이러한 과도한 비용 부담 역시 한국 기업의 ICO를 부실하게 만드는 원인 중 하나다.

법적 위험성

사기죄

해외에 있는 페이퍼 컴퍼니를 통해 ICO를 진행하면 한국의 법령이 적용되지 않는 것으로 오인하는 경우가 있지만, 형법은 한국인이 대한민국 밖에서 범죄를 저지른 경우에도 적용된다. 형법은 '사람을 기망하여 본인 또는 제3자로 하여금 재물의 교부를 받거나 재산상의 이익을 취득하게 하는 경우' 사기죄로 처벌하고 있다. 여기서 '기망'이란 허위의 의사 표시에 의해 타인을 착오에 빠뜨리는 일체의 행위를 의미한다. 대법원은 '일반 거래의 경험칙상 상대방이 그 사실을 알았더라면 당해 법률 행위를 하지 않았을 것이 명백한 경우에는 신의칙에 비추어 그 사실을 고지할 법률상 의무가 인정된다'고 판시하고 있다. 이러한 입장에 비추어 보면 프로젝트가 발행하는 암호 화폐의 가치를 합리적으로 입증 가능한 수준에서 산정하지 않는 경우, 그리고 백서에 주요 내용을 누락한 경우 또는 허위 사실을 기재한 경우 모두 사기죄로 처벌받을 가능성이 있다. 회사의 대표가 자신만이 아는 정보를 이용하여 자신이 보유하고 있는 암호 화폐를 매각하거나 매수하는 경우, 제3자의 매수 또는 매도를 유도하는 정보를 공시한 후 자신이 보유하고 있는 암호 화폐를 반대로 매수 또는 매도하는 경우 역시 사기죄로 처벌될 가능성이 있다.

외국환거래법 위반

대한민국 내에서 행하는 외국환 거래, 대한민국과 외국 간의 거래 및 그 밖에 이와 관련되는 행위, 비거주자의 원화 거래, 거주자의 외국에서의 거래 행위 등은 외국환거래법을 통해 규율된다. 외국환거래법상의 외국환 업무란 대한민국과 외국 간의 지급·추심 및 수령을 의미한다. 그런데 외국환거래법은 지급 수단을 정부 지폐, 은행권, 주화, 수표, 우편환, 신용장과 환어음, 약속 어음, 여행자 카드, 상품권, 기타 지급받을 수 있는 내용이 표시된 우편 또는 전신에 의한 지급 지시 등을 의미한다고 규정하고 있다. 이더리움이나 비트코인을 통한 거래에 외국환거래법이 적용되기 위해서는 ICO 자금 조달의 수단으로 활용되는 이더리움이나 비트코인이 지급 수단에 해당해야 한다. 이와 관련해 하급심 법원은 '비트코인과 같은 암호 화폐는 통화로 인정되고 있지 않고, 발행 주체가 존재하지 않아 그 누구도 가치를 보증하거나 지급을 보증할 수 없기 때문에 외국환거래법상의 지급 수단이라고 할 수 없다'고 판시한 바 있다.

따라서 원칙적으로 거주자와 비거주자 사이에 비트코인을 거래하는 행위는 외국환거래법의 규율 대상이 아니므로 외국환거래법 위반 문제는 발생하지 않는다. 하지만, 거주자가 비거주자에 대한 채권을 외국환은행을 통하지 않고 물품을 제공받는 등의 방법으로 수령하는 경우 외국환 신고 의무를 부담하게 된다. 이에 따라 한국 법인 또는 한국 법인의 임직원이 해외 법인으로부터 프로젝트를 위해 근로를 제공한 대가로 이더리움이나 비트코인과 같은 암호 화폐 또는 해외 법인이 발행하는 암호 화폐를 수령할 경우에는 외국환 신고를 해야 한다. 그런데 현재 한국은행을 포함한 한국의 금융기관 및 정부는 암호 화폐와 관련한 외국환 신고를 수리하지 않고 있다. 현실적으로 외국환 신고를 할 방안이 존재하지 않는 상황이기 때문에 외국환거래법 위반과 관련해서는 지속적으로 문제가 발생할 수 있다.

횡령죄 및 배임죄

형법은 '타인의 재물을 보관하는 자가 그 재물을 횡령하거나 그 반환을 거부하는 경우' 횡령죄로 처벌을 하고 있다. '타인의 사무를 처리하는 자가 그 임무를 위배하는 행위로써 재산상의 이익을 취득하거나 제3자로 하여금 이를 취득하게 하여 본인에게 손해를 가하는 경우' 배임죄로 처벌을 한다.

횡령죄는 '다른 사람과의 위탁 관계에 의하여 다른 사람의 재물을 보관하는 것'을 핵심 개념으로 하므로 다른 사람으로부터 부여받은 신임 관계를 기초로 사실상, 그리고 법률상 재물을 지배하고 있어야 한다. 해외 법인이 ICO를 하여 조달한 자금 또는 ICO로 발행한 암호 화폐를 한국 법인 또는 한국 법인의 대표가 보관하고 있을 경우, 보관자는 해외 법인으로부터 부여받은 신임 관계를 기초로 사실상 법률상 자금, 암호 화폐를 보관하고 있다고 할 수 있다. 따라서 보관하고 있는 자산을 사적인 용도로 임의 처분한 경우에는 횡령죄가 성립할 수 있다.

한국 법인이 ICO 프로젝트의 개발, 마케팅 등의 전반적인 업무를 수행하기 때문에 ICO로 조달한 자금을 한국 법인이 제한 없이 사용해도 무방하다고 오인하는 사람들이 있지만, 해외 법인과 한국 법인은 별개의 법인격을 가지고 있다. ICO로 조달한 자금을 프로젝트와 무관하게 한국 법인의 이익을 위해 사용하였다면 횡령죄가 성립한다고 볼 수 있다. 특히 기존에 사업을 하던 회사가 리버스 ICO를 했다면, 해외 법인으로부터 용역, 위탁을 받은 ICO 프로젝트 관련 업무가 아닌 기존 사업에 자금을 사용할 경우 횡령죄에 해당한다.

배임죄는 '다른 사람의 사무를 처리하는 자'가 '그 임무를 위배하여' '본인 또는 자신이 재산상의 이익을 취득하는' 것을 핵심 개념으로 한다. 회사의 대표이사 등 임원은 회사에 대해 선량한 관리자의 주의를 다할 법률상 의무를 부담하므로 배임죄의 주체가 될 수 있다. 한국 법인이 ICO 프로젝트의 전반적인 업무를 수행하면서 한국 법인과 해외 법인이 법에서 정한 내부 의사 결정 과정을 거쳐 적절한 내용의 용역 계약 또는 위탁 계약을 체결한 뒤에 ICO 프로젝트의 전반적인 업무를 수행한다면 배임죄가 성립하기는 어렵다. 하지만 법에서 정한 내부 의사 결정 과정을 거치지 않거나 통상적인 조건에 비해 일방 당사자에게 유리한 조건으로 용역 계약 또는 위탁 계약을 체결한다면, 이는 한국 법인 또는 해외 법인에 대한 신임 관계를 위반한 행위로서 배임죄에 해당할 가능성이 있다.

진화하는 금융과 제도

새로운 자본 조달 수단이었던 ICO는 시장의 요구, 각국의 규제 현황에 따라 끊임없이 변화, 진화하고 있다. 기술 관련 사항만으로 백서를 작성하여 자금을 조달하던 초기 형태와 달리 증권 신고서 수준으로 투자자가 고려할 사항을 상세히 기재하는 형태로, 그리고 익명성을 중시해 아무런 신원 확인 없이 진행하던 형태에서 자금 세탁 등을 방지하기 위해 신원 확인 후 진행하는 형태로, 일반 대중 대상의 제한 없는 형태에서 소수의 적격 투자자 대상으로 진화하고 있다. 기존의 전통적인 자본 시장 제도 아래에서 블록체인만이 가진 유동성, 비용 효용성, 투명성 등의 장점을 유지하고자 하는 STO 역시 진화된 형태라고 할 수 있다.

새로운 금융 기법은 끊임없이 등장하고 있다. 기존의 제도권 내에 편입되지 않은 상황에서는 예상치 못한 부작용들이 발생하기도 한다. 하지만 새로운 금융 기법들은 결국 투자자 보호, 효율성과 거래 안전성을 목적으로 규정된 기존 제도와의 조화를 통해 안착했고, 이는 금융 산업의 발전으로 이어졌다.

블록체인 산업의 긍정적인 효과에 대해 이견이 없다면, 암호 화폐 및 이와 관련한 금융 기법에 대한 제도화에도 적극적으로 임할 필요가 있다. 제도화 이전에 입법 공백을 이유로 법 집행을 미룬다면 암호 화폐 거래는 음지에서 이루어지게 되고 부작용도 계속될 것이다. 이로 인한 피해는 선량한 다수의 시민이 입게 된다. 블록체인 산업 전반에 대한 부정적 선입견도 확산될 것이다. 암호 화폐 거래를 제도권 내로 편입시키고, 적절한 법률을 제정해야 하는 이유다. 무엇보다 현행 법률의 적극적 집행을 통해 블록체인을 단지 부정한 돈벌이 수단으로 삼는 범죄자를 선량한 산업 관계자로부터 분리해야 블록체인 산업이 발전할 수 있다.

김윤호는 캐나다 토론토대 토목공학과 졸업 후 KB투자증권 리서치 어시스턴트로 일하며 인터넷, 게임, 건설, 화학, 자동차 등 여러 산업의 분석 보고서 작업에 참여했다. 세계 최대 자산 운용 기업 블랙록 자산 운용 한국 지사에서 외환 트레이더로 근무한 후 현재 암호 자산 투자 기업 바이블록의 대표를 맡고 있다.

혼돈에서 안정으로

암호 자산 시장은 이제 막 태동하는 시장이라 국가 차원의 규제가 미비하고 타 금융 시장에 비해 진입 장벽이 낮다. 암호 자산 시장의 진입 장벽이 낮기 때문에 소규모 자본이나 기술력이 부족한 암호 자산 공급자들의 창업이 비교적 쉽다. 암호 자산 시장에서 자주 등장하는 키워드인 블록체인, 암호 화폐 공개 또는 ICO, 암호 화폐 거래소는 자금을 조달하는 과정에서 언급된다. 암호 자산 공급자는 블록체인 기반의 자사 암호 화폐 발행, 암호 화폐 거래소를 통한 가상 화폐 공개, 투자자 판매 등 총 3단계 과정을 통해 투자 자금을 확보한다. 투자금은 현금이 아닌 비트코인 등의 암호 화폐로 사고팔기 때문에 국경의 제한이 없다. 암호 자산 투자자는 암호 화폐 거래소에서 해당 화폐를 사고팔아 수익을 낸다.

세계 최초의 ICO인 마스터코인(이후 옴니레이어로 사명 변경)은 2013년 7월에 등장했고 이더리움이 2014년 ICO를 했지만 ICO가 본격적으로 증가한 시기는 2017년이다. 최근 2~3년간 전 세계적으로 수많은 ICO[18]를 통해 다수의 암호 자산 공급자가 손쉽게 초기 투자 자금을 모았다. ICO를 통해 풀려난 대규모 투자 자금은 수준 미달의 기술력을 보유한 암호 자산 공급자에게도 흘러들어 갔고, 이는 암호 자산에 투자했던 기관 및 개인 투자자에게 심각한 금전적 손실을 초래했다.

심지어는 완전히 사기로 판명 난 ICO도 헤아릴 수 없이 많았다. 2018년 월스트리트저널이 조사한 1450개 ICO 사례 중 271개가 표절한 투자자 문서, 수익 개런티 보장 문제 또는 가짜 경영진 등과 관련한 사기 혐의를 받고 있다. 피해 규모는 2억 7000만 달러로 예상되고 있다.[19] 부실한 암호 자산 기업이 국가 경제에서 차지하는 비중이 커질수록 정부는 부담을 느낄 수밖에 없다. 미국, 독일, 호주, 중국, 싱가포르 등 세계 여러 국가의 정부는 ICO의 투자자 보호가 취약하고 실패 또는 사기 사례와 불법 행위가 증가하고 있다는 이유로 증권법 적용, 거래 금지, ICO 가이드라인 제시, 영업 인가, 정부 차원의 암호 화폐 연구 및 블록체인 기반의 시스템 구축 검토 등 규제를 통해 시장에 개입하고 있는 추세다. 대한민국 정부 역시 2017년 9월 모든 종류의 ICO를 금지했다.

암호 자산 시장은 공급자의 진입 장벽이 낮고 기존 이익 집단의 힘이 강하지 않아 기업의 자본이 몰릴 가능성이 크다. 최근 페이스북의 리브라, 텔레그램의 톤, 삼성전자의 삼성 블록체인 월렛, 그라운드X(카카오)의 클레이, 라인(네이버)의 링크 등 국내외 대기업들의 자본이 암호 자산 시장으로 빠르게 유입되고 있는 것이 그 방증이다. 탈중앙화라는 블록체인의 특성상 작지만 민첩하고 뛰어난 스타트업들이 주도권을 쥘 것으로 예상되었으나, 점차 대규모 자금을 동원한 대기업들이 암호 자산 공급자 시장을 장악하는 양상이다. 한편으로는 전 세계 각지에서 투자에 익숙하지 않은 투자자들까지도 덩달아 암호 자산 시장에 몰리게 되었고, 2017년 암호 자산 투자 광풍은 이를 더욱 부채질했다. 결국 낮은 정보력과 자본력, 그리고 부족한 투자 기법 등 모든 면에서 열세를 보일 수밖에 없었던 개인은 막대한 손실을 입게 되었다. 설상가상으로 2018년 대한민국 정부가 암호 자산에 대한 모든 활동을 금지하면서 투자자들의 장기 투자 의지마저 꺾어 놓기에 이른다. 대규모 손실을 확정하고 암호 자산 시장을 이탈하는 투자자들이 속출했고, 이는 암호 자산 시장의 투자 심리 붕괴로 이어졌다. 그러나 우려했던 바와 달리 혹독한 겨울은 길지 않았다. 2019년 들어 앞서 소개했던 국내외 대기업들의 블록체인 및 암호 자산 시장 진출이 줄을 잇게 되었고, 미국 월가의 금융 기관들 역시 이를 활용해 새로운 금융 비즈니스를 모색하기 시작했다. 기관 투자자들의 진입은 얼어붙은 시장에 온기를 불어넣기에 충분했다. 자연스럽게 이들의 암호 자산 시장 점유율은 더욱 높아질 것으로 예상된다. 이런 상황에서 개인 투자자들의 지속 가능한 암호 자산 투자는 전체 암호 자산 시장의 변동성을 추종하고 나아가 알파 수익을 창출할 수 있는 투자가 될 것이다.

글로벌 경기 침체 우려와 맞물려 암호 자산 투자의 위험성이 화두에 오르고 있다. 주식, 채권, 원자재 등 전통 자산에 비해 암호 자산의 리스크와 변동성이 훨씬 높은 것은 새삼스럽지 않으나, 예전에 비해 암호 자산의 성장세가 둔화되고 있는 것이 문제다. 비트코인, 이더리움 등 주요 암호 자산의 투자 동력이 약해지자 다수가 해당 시장의 지속 가능성에 대해 의구심을 품기 시작했다. 이는 기존 암호 자산 투자자의 이탈을, 그리고 신규 투자자의 감소를 야기하는 주원인이 된다. 필자는 전문 투자자 입장에서 암호 자산 시장이 시행착오를 거쳐 혼돈기에서 안정기로 진입하는 과도기에 있다고 본다. 기존 및 잠재 투자자들이 과도기를 슬기롭게 극복하기 위해서는 지속 가능한 암호 자산 투자 전략이 필요하다.

펀드 운용사, 연금, 보험사 등 전통적 기관 투자자의 존재가 아직은 전무한 암호 자산 시장은 개인 투자자를 중심으로 구성되어 있다. 이들은 대부분의 자산을 시가 총액이 높은 비트코인 대신 시가 총액이 매우 낮은 알트코인altcoin(비트코인을 제외한 암호 화폐)에 투자해 놓고, 2017년 상승장에서 나타났던 알트코인의 급등이 재현되길 기다린다. 이것은 마치 전통 주식 시장에서 개미로 불리는 개인 투자자가 이름도 생소한 종목에 모든 투자금을 털어 넣고, 해당 종목의 가격이 상승하기를 기대하는 것과 같다. 성공할 확률이 희박한 전형적인 투기성 투자다. 암호 자산 내에서도 비트코인 대비 변동성이 큰 알트코인의 투자 위험성은 암호 자산 시장의 하락장에서 여실히 드러난다. 하락장에서는 전체 시장 하락 폭보다 알트코인의 하락세가 더 크기 때문에 다수의 투자자들은 알트코인 매도로 손실을 확정하기보다는 해당 코인을 장기 보유하는 쪽을 선택한다. 이는 결국 투자자들의 추가 손실로 귀결된다. 심할 경우 주식 시장의 상장 폐지처럼 암호 자산 거래소에서 상장 폐지되기도 한다. 거래량이 0에 수렴하면서 자산 가치가 완전히 사라지는 경우도 발생한다. 물론 고위험 고수익 형태의 투자 방식으로 높은 수익을 거둘 수도 있다. 그러나 암호 자산 시장의 규모가 더욱 확장된다고 해도 총 투자 수익률이 높아지지 않거나, 마이너스 수익률을 기록할 가능성이 크다. 결국 이는 추가적인 암호 자산 투자자 이탈을 야기할 뿐이다.

전통 금융 시장에 속한 기관 투자자들의 투자 방식은 개인 투자자들과 상이하다. 주식 시장을 예로 들어보자. 기관 투자자의 투자 방식은 크게 직접 투자와 간접 투자로 나뉜다. 직접 투자는 말 그대로 주식을 직접 매수하는 방법이다. 간접 투자는 펀드와 같은 금융 상품을 이용하는 것이다. 가장 대중적인 금융 상품인 펀드를 좀 더 살펴보자. 펀드는 크게 액티브 펀드와 인덱스 펀드로 나뉜다.[20] 액티브 펀드는 펀드 매니저가 본인의 주관적인 판단을 근거로 펀드에 담을 종목을 선정한다. 반면 인덱스 펀드는 특정 벤치마크를 추종하고 펀드 구성 종목의 비율을 해당 벤치마크와 거의 동일하게 가져간다. 중요한 사실은 두 종류의 펀드 모두 시가 총액이 높은 종목에 대한 투자 비중이 높다는 것이다. 기관 투자자와 개인 투자자의 투자 방식이 다른 지점이 바로 여기에 있다. 개인 투자자는 일반적으로 시가 총액이 낮은 소수의 종목에 많은 자산을 투자해 투자의 지속성이 상대적으로 떨어지는 반면, 기관 투자자는 시가 총액이 높은 다수 종목에 투자하여 주식 시장 자체가 사라지지 않는 한 지속적으로 투자할 수 있다.

암호 자산 시장에서 개인 투자자들이 기관 투자자들처럼 지속적인 투자를 하기 위해서는 결국 시가 총액이 높은 종목 위주로 투자해야 한다. 암호 자산 시장을 추종하며 투자의 지속성을 극대화시키기 위해서다. 그러나 3000개가 넘는 암호 자산 종목 중에는 신뢰성이 매우 낮은 종목들이 많다. 금융 시장의 인덱스 펀드처럼 모든 암호 자산에 분산 투자하는 전략은 득보다 실이 크다. 반면 액티브 펀드 방식은 암호 자산 투자에 적용해 볼 만하다. 암호 자산 시장의 수익률을 쫓아가기 위해 시가 총액이 높은 암호 자산 위주의 포트폴리오를 구성하고, 알파 수익 창출을 위한 추가 전략을 병행하는 것 말이다. 이와 같은 투자 전략을 통해 지속성을 유지해야 하는 이유는 암호 자산 시장의 성장 가능성이 매우 크기 때문이다. 해당 시장의 성장과 함께 그 과실을 온전히 가져가기 위해서는 잘

못된 투자 전략으로 조기에 시장에서 이탈하는 불상사를 방지해야 한다. 투기성 투자 등 잘못된 투자 전략은 어김없이 초라한 수익이나 막대한 손실로 귀결될 수 있다.

비트코인 장기 투자 전략

지속 가능한 암호 자산 투자 전략에서 절대 빼놓을 수 없는 자산은 비트코인이다. 비트코인의 탄생과 함께 암호 자산 시장이 형성되었고, 당연히 시가 총액 비율은 그 어떤 종목보다 높다. 시장 초기인 2017년 이전에는 비트코인의 시장 점유율이 75~100퍼센트에 달했다. 비트코인의 시장 점유율을 비트코인 도미넌스BTC Dominance라고 하는데, 2018년 30퍼센트 수준을 기록한 것을 저점으로 평균 50퍼센트 수준을 유지하고 있다. 2019년 현재는 비트코인 가격 상승에 힘입어 약 70퍼센트 수준까지 상승했다.

주식 시장과 비교해 보면, 비트코인의 시장 점유율이 얼마나 높은 수준인지 이해할 수 있다. S&P500 지수는 국제 신용 평가 기관인 미국 스탠더드 앤드 푸어스Standard&Poors·S&P가 우량 기업 종목 중심으로 500개 기업을 선정해 산출한 주가지수다. S&P500 지수와 비슷한 수준의 수익률을 지속적으로 얻기 위해서는 해당 지수에 포함된 시가 총액 상위 종목들을 투자하지 않고서는 불가능하다. 비트코인이 암호 자산에서 차

비트코인 점유율

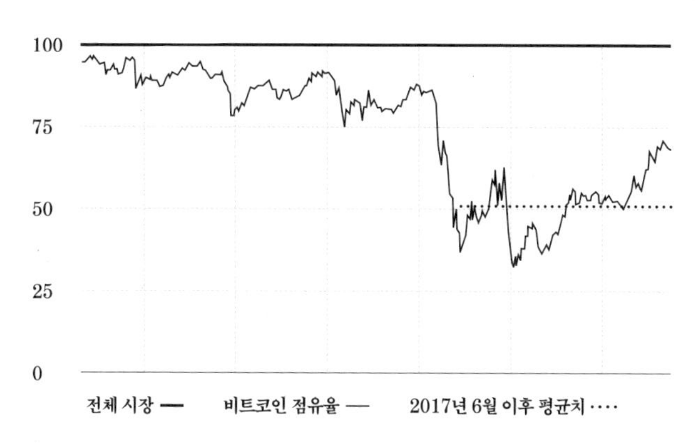

* CoinMarketCap

지하는 평균 시가 총액 수준인 50퍼센트를 S&P500 지수에 적용해 본다면 어떤 종목들에 투자를 해야 할까?

암호 자산 시장에서 비트코인 한 종목에 투자하는 것은 S&P500 지수 기준으로 마이크로소프트, 아마존, 애플, 구글, 버크셔해서웨이, 페이스북부터 시가 총액 46위의 넷플릭스까지 투자하는 것과 동일하다. 암호 자산 시장에서 비트코인에 투자하지 않으면서 시장 수익률을 추종할 수 있다고 믿는 것은 S&P500 지수를 구성하는 상위 46개 종목에 투자하지 않으면서도 S&P500 지수 수익률을 추종할 수 있다고 믿는 것처럼 무모하다. 결국 암호 자산 시장의 수익률을 지속적으로 추종하기 위해서는 비트코인에 대한 장기 투자 전략이 선행되어야 한다.

지난 5년간 암호 자산 시장의 추이를 살펴보면, 전체 암호 자산 시장과 비트코인의 시가 총액 변동의 폭과 패턴은 유사하게 나타났다. 알트코인 시가 총액의 경우, 변동의 폭이 비트코인이나 전체 암호 자산 시장에 비해 상대적으로 높았고 해당 시가 총액 변화의 패턴이 다르게 나타나는 경우가 많았다. 실제로 2015년 비트코인과 암호 자산 시장은 연 60퍼센트를 상회하는 수익률을 달성한 반면, 알트코인의 수익률은 크게 하락했다. 비트코인과 암호 자산 시장이 2016년 당시 최고 2.2배까지 상승했을 때 알트코인의 가치는 4배가 넘게 상승하여 비트코인과 암호 자산 시장 대비 높은 상승 폭을 보이기도 했다. 비트코인과 알트코인의 시가 총액 변동성 정도와 추이는 올해에도 상이하게 나타났다. 비트코인이 독주하면서 올해 암호 자산 시장은 50퍼센트 이상 상승했으나, 알트코인은 연초 대비 상승 폭이 미미했다. 정리하면 비트코인은 상승장에서는 전체 암호 자산 시장의 수익률과 비슷한 수익률을, 하락장에서는 알트코인에 비해 높은 방어력을 보여 줬다. 알트코인의 높은 변동성은 단기적으로는 전체 암호 자산 시장에 비해 높은 수익률을 달성할 가능성을 제시하나 중단기적으로 전체 암호 자산 시장의 평균 수익률을 지속적으로 추종하거나 따라가는 것은 매우 힘들 것이다. 향후 전체 암호 자산 시장의 변동성 추이와 유사하게 움직이고 상대적으로 변동성이 낮은 안정적인 종목이 출현할 수도 있다. 비트코인의 아성을 무너뜨릴 새로운 종목이 나타났을 때도 비트코인은 암호 자산 시장을 대표할 소수 종목 중 하나일 가능성이 크다.

비트코인 가격이 2017년 말 역대 최고점인 1만 9000달러까지 상승한 후 약 1년 만에 80퍼센트 넘게 하락하면서 많은 언론에서 비트코인 가치에 대한 회의론을 쏟아냈지만, 비트코인은 3800달러 수준에서 저점을 기록하고 반등하기 시작해 2019년 7월에는 1만 2000달러까지 올랐다. 2019년 11월 현재는 9000달러 부근에서 횡보 중이다.

한 웹사이트에 따르면 비트코인 폐지와 같은 부정적인 기사가 2019년에만 39번이나 등장했다고 한다. 암호 자산, 특히 비트코인 장기 투자자들에게는 이 상황이 마치 데자뷔처럼 느껴질 것이다. 비트코인 가격이 급락할 때마다 어김없이 많은 언론들이 비트코인의 사망 소식을 전했지만, 비트코인은 보란 듯이 이러한 우려를 불식시키며 이전 고점을 경신하곤 했다.

2018년 초 시작된 하락장과 비슷한 국면은 2014년도에도 있었다. 2013년 말 비트코인 가격이 1100달러까지 치솟다가 이후 1년간 80퍼센트 이상 폭락했다. 이후 2017년이 되어서야 비로소 전 고점이었던 1100달러를 돌파했다. 급락한 가

이전 고점과 새로운 고점의 수익률

전고점		저점		신고점		하락률 (%)	상승률 (%)
일자	가격($)	일자	가격($)	일자	가격($)		
2013.4.29.	147.49	2013.5.3.	80.39	2013.10.24.	212.61	-45.52	44.15
2013.11.19.	777.98	2013.11.20.	448.45	2013.11.30.	1,156.14	-42.36	48.61
2013.11.30.	1,156.14	2015.1.14.	171.68	2017.1.5.	1,190.78	-85.15	3.00
2017.1.5.	1,190.78	2017.1.12.	755.78	2017.3.3.	1,280.23	-36.53	7.51
2017.5.25.	2,757.77	2017.5.27.	1,873.57	2017.6.6.	2,999.91	-32.06	8.78
2017.6.6.	2,999.91	2017.7.16.	1,846.76	2017.9.2.	4,964.54	-38.44	65.49
2017.9.2.	4,964.54	2017.9.15.	2,947.69	2017.11.8.	7,776.42	-40.63	56.64

* CoinMarketCap

격이 반등하여 전 고점에 도달하기까지 2년 정도가 걸린 셈이다. 이후 비트코인은 세상의 관심을 독차지하면서 2017년 한 해 동안 9배나 상승했다.

위의 표를 보면 비트코인은 큰 폭의 가격 하락을 경험한 후 어김없이 전 고점을 돌파하고 새로운 고점을 찾아갔다.

하지만 대다수의 비트코인 투자자들은 이 새로운 고점까지 올라가는 과정에서 발생했던 막대한 수익을 온전히 실현하지 못했다. 그 이유는 비트코인의 가격 상승을 보면서 중간중간 수익을 확정 짓고, 이후 재차 올라가는 가격을 보면서 재매수하는 경우가 많았기 때문이다. 목표 수익률을 달성하고 확정하는 전략이나, 고평가 구간에서 매도한 후 저평가 구간에 재진입하는 전략의 실효성을 의심하는 것은 아니다. 주식 시장에서라면 말이다. 그러나 단기 가격 변동성이 주식의 몇 배에 달하는 비트코인은 다르다. 심지어 전체 비트코인 상승률의 50퍼센트에 달하는 큰 상승 폭이 2~3주 만에 달성된 경우도 비일비재했다. 재진입 타이밍이 조금만 늦어도 막대한 기회비용을 지불해야 한다는 이야기다. 이와 같은 단기 가격 변동으로 수익을 계속 내기는 어렵다는 점을 감안하면, 비트코인에 장기 투자하는 것이 암호 자산 시장에서 지속 가능한 투자를 위한 핵심 전략이다.

몇 년 전, 비트코인을 제외한 시가 총액 상위 2위부터 10위의 코인 또는 토큰 중 다수가 시가 총액 상위에서 사라졌다. 이런 상황은 2019년의 시가 총액 상위 코인, 토큰 투자에도 시사하는 점이 있다. 현재 시가 총액 상위 암호 자산이라고 해도 고위험군에 속할 수 있다는 것이다. 사전 지식이나 준비 없이 시가 총액 상위권이라고 무조건 투자하는 것보다는 비

2013년 말 상위 10대 코인 시가 총액 현황

암호화폐	2013년 말		2019년 10월 5일		성장률(%)
	순위	시가 총액($)	순위	시가 총액($)	
비트코인	1	9,082,103,472	1	147,308,957,847	1522
라이트코인	2	586,899,831	6	3,599,692,668	513
XRP	3	212,783,895	3	10,791,598,536	4972
옴니	4	111,753,185	954	775,370	-99
피어코인	5	89,891,412	358	7,065,701	-92
Nxt	6	56,123,015	186	13,015,388	-77
네임코인	7	38,151,790	382	6,303,910	-83
쿼크	8	27,406,774	595	2,868,169	-90
비트쉐어	9	25,317,604	60	75,749,248	199
월드코인	10	19,546,847	1704	32,926	-100

* CoinMarketCap

트코인처럼 다양한 변수에도 불구하고 암호 자산으로 유지될 가능성이 큰 종목을 찾는 노력이 필요하다. 더불어 지속 가능한 종목에 단기성 투자보다는 장기 투자 전략으로 접근하는 것이 낫다. 비트코인을 대체할 잠재력이 높은 암호 자산 종목을 찾으려는 노력은 매우 중요하다. 그와 함께 암호 자산 시장에서 지속 가능성이 컸던 종목이 비트코인이라는 사실도 간과해서는 안될 것이다.

비트코인 - 이더리움 리밸런싱 전략

두 번째로는 비트코인과 이더리움 간 리밸런싱 전략을 추천한다. 해당 전략은 시뮬레이션 결과 지속적으로 암호 자산 시장을 상회하는 수익률을 냈다. 이더리움은 분산 컴퓨팅 플랫폼 영역에서 독보적인 선두 주자다. 2019년 10월 기준 시가 총액 2위로 비트코인 다음으로 전체 암호 자산 시장에 큰 영향을 주는 알트코인이다. 지구에 사는 외계인으로 불리는 부테린이 2015년 7월에 론칭한 이 프로젝트는 7개월 만인 2016년 2월 시가 총액 2위에 오르는 기염을 토했다. 이후 리플에게 몇 번 뺏기긴 했지만 굳건히 2위 자리를 지키고 있다.

이더리움은 암호 자산 시장이 생긴 이후 처음으로 비트코인의 아성을 무너뜨릴 뻔했다. 2017년 6월 12일 비트코인의 도미넌스가 39.8퍼센트였을 당시, 이더리움의 도미넌스는 33.6퍼센트로 두 암호 자산 간 도미넌스 차이는 6.2퍼센트에 불과했다. 이더리움은 플랫폼 영역에서 표준화를 착실히 진행하고 있다. 이더리움 블록체인을 활용하는 디앱의 규모(2619개)는 암호 자산 시장에서 독보적인 1위다.[21] 그뿐만이 아니다. 이더리움은 엔터프라이즈 이더리움 얼라이언스Enterprise Ethereum Alliance·EEA를 구축해 다양한 글로벌 기업들과 오픈 소스에 기반한 기업형 블록체인의 기준을 정립하고 기업들이 블록체인을 효율적으로 사용할 수 있는 환경을 조성하며, 장기적으로 퍼블릭 블록체인인 이더리움과의 호혜적 발전 관계를 만들기 위해 노력하고 있다.[22]

다음 표는 비트코인-이더리움 리밸런싱 투자와 비트코인 투자를 비교한 결과다. 리밸런싱 전략은 2016년부터 현재까지 매월 1일 비트코인과 이더리움의 비율을 2대1로 유지한 것을 의미한다. 암호 화폐 시세 정보 사이트 코인마켓캡CoinMarketCap에 따르면 2016년 초에 투자를 시작했을 경우, 비트코인 단독 투자 시 약 1821퍼센트, 리밸런싱 전략을 활용했을 경우 8872퍼센트로 리밸런싱 전략의 수익률이 7000퍼센트 이상 높았다. 또한 2016년 1월 1일 비트코인과 이더리움의 비율을 2대1로 맞춰 놓고 리밸런싱을 하지 않은 경우 수익률은 약 7400퍼센트로, 매월 리밸런싱을 주기적으로 했을 경우가 약 1000퍼센트 이상 높은 수익률을 보였다.

비트코인 – 이더리움 리밸런싱 투자 결과

암호화폐	투자 요건 (1000달러 기준)			투자 결과 (2019년 10월 1일 기준)			
	비트코인:이더리움	비트코인	이더리움	리밸런싱	비트코인	이더리움	수익률 (현재가 기준, %)
2016.1.1.	1:0	2.30	0.11	×	2.30	0.00	1,820.95
	2:1	1.53	351.61	×	1.53	351.61	7,416.06
				○	7.24	170.71	8,872.41
2017.1.1.	1:0	1.00	0.00	×	1.00	0.00	735.72
	2:1	0.67	40.80	×	0.67	40.80	1,180.69
				○	1.41	33.35	1,652.74
2018.1.1.	1:0	0.07	0.00	×	0.07	0.00	-38.91
	2:1	0.05	0.43	×	0.05	0.43	-51.62
				○	0.04	0.97	-48.88
2019.1.1.	1:0	0.26	0.00	×	0.26	0.00	117.07
	2:1	0.17	2.37	×	0.17	2.37	86.69
				○	0.15	3.53	85.60

* CoinMarketCap

2017년의 경우 리밸런싱 전략의 수익률이 비트코인 단독 투자에 비해 900퍼센트 이상 높았다. 물론 예외도 있다. 비트코인 수익률이 이더리움 수익률보다 높았던 2018년과 2019년에는 비트코인 단독 투자 수익률은 리밸런싱 투자에 비해 10퍼센트, 31퍼센트 높았다. 그 반대의 경우도 있었다. 2016년에는 이더리움에만 투자했을 경우 투자 수익률이 가장 훌륭했다. 국면에 따라 하나의 암호 자산에 투자하는 전략의 수익률이 좋았던 적도 있었으나, 장기간 리밸런싱 전략을 활용한다면 비트코인 한 종목에만 투자했을 때보다 높은 수익률을 달성할 수 있다. 변동성이 높은 하나의 암호 자산에만 투자하는 것은 비트코인을 제외하고는 바람직하지 않다.

비트코인-이더리움 리밸런싱 전략이 가능한 이유는 비트코인 대비 이더리움의 가격 변동성 때문이다. 이더리움 가격이 비트코인 대비 크게 올랐을 때는 이더리움을 매도하여 비트코인을 매수하고, 그 반대의 경우에는 비트코인을 매도하여 이더리움을 매수하는 것이다. 비트코인 대비 이더리움 가격의 과거 변동성 추이를 토대로 이 전략을 추천한다. 이는 비트코인 단독 매수 및 유지 전략보다 좋은 수익률을 거둘 가능성이 크다.

재정 거래

비트코인을 중심으로 한 포트폴리오를 유지하는 것으로 암호 자산 시장의 수익률을 따라갈 수는 있다. 그러나 시장보다 높은 수익을 내기 위해서 때로는 자산의 일부분에 한해서 시장보다 위험한 투자를 하기도 한다. 그러나 안전한 투자 생태계가 마련되지 않고 투기 세력에 영향을 받기도 하는 암호 자산 시장은 이미 고위험 투자에 속하기 때문에 최대한 안정적인 투자 전략이 필요하다. 지속 가능한 암호 자산 투자 전략의 마지막 전략으로 재정 거래 투자 전략이 있다.[23]

전통적으로 일물일가 법칙에 의해서 주식 시장의 각 주식은 하나의 가격을 갖는다.[24] 하나의 주식은 특별한 경우를 제외하고는 하나의 거래소에서만 거래되는 것이 일반적이기 때문에 주식 가격은 이 법칙에서 벗어나지 않는다. 암호 자산 시장은 다르다. 한 나라 안에 여러 개의 암호 자산 거래소가 존재하고 전 세계적으로 매우 많은 수의 암호 자산 거래소가 존재한다. 한 코인이 국내외 다수의 거래소에 상장되고 거래된다. 암호 자산의 가격이 거래소마다 다른 경우가 발생하고 여기서 재정 거래 또는 차익 거래의 기회가 생긴다.

두 개의 국내 거래소 원화 시장에 상장되어 있는 암호 자산을 통한 재정 거래의 예를 들어 보자. 2019년 10월 10일 오후 3시 2분 기준 빗썸과 업비트 두 거래소에서 거래되고 있는 쿼크체인QKC의 가격을 비교하면, 빗썸에서는 6.83원에 매수가 가능하고 업비트에서는 6.99원에 매도가 가능하다. 가격 차이가 2퍼센트다. 물론 암호 자산 재정 거래는 재정 거래에 이용할 자산을 항상 보유하고 있어야 한다는 단점이 있다. 그러나 장기 투자 목적으로 포트폴리오에 포함하고 있는 자산을 이용한 재정 거래는 무위험 투자라고 볼 수 있다.

암호 자산에 대한 관심이 높아지면서 거래량이 최고치를 경신하던 2017년에는 재정 거래를 통한 수익률이 매우 높았다. 단 한 번의 거래로 1~5퍼센트 수익을 낼 수 있었다. 현재는 2017~2018년 대비 암호 자산 거래량이 대폭 감소했고 재정 거래를 자동으로 하는 투자 프로그램 매매가 활성화되면서 거래소 간 한 자산의 가격 차이가 빠르게 안정화되는 등 재정 거래 기회가 많이 줄었지만, 차익 거래를 할 기회는 아직 있다. 앞으로 암호 자산 시장에 대한 관심도와 함께 거래량이 늘어난다면 재정 거래 투자 기회가 찾아올 것으로 보인다.

에필로그

고릴라 게임

2013년과 2019년의 시가 총액 상위 10개 암호 자산 종목들을 비교하면, 2013년 당시 상위 10개 종목들 중 2019년에도 포함되어 있는 종목은 비트코인, 라이트코인Litecoin, 리플XRP뿐이다. 영원한 것은 없다고 하지만, 이와 같은 변동 폭은 확실히 문제가 있다. 암호 자산 시장 자체가 아직은 태동기에 머물러 있기 때문일 것이다. 기술의 유용성은 지난 10년간 수많은 연구로 입증되었으나, 실제 산업에 녹아들어 다양한 혁신을 만들어 내기까지 아직은 시간이 더 필요한 모양이다.

변화에는 스타트업들이 민감하게 반응한다. 호기롭게 출사표를 던진 초기의 스타트업들 중에서는 이더리움, 리플, 이오스EOS 등과 같이 초기 선점 효과를 누리면서 대형 플랫폼의 단계로 넘어간 프로젝트도 탄생했다. 하지만 완전히 사라진 프로젝트도 수없이 많다. 이더리움과 같이 성공적으로 안착한 플랫폼들의 선전을 바라보며 2019년에는 국내외 대기업들의 시장 진출이 줄을 이었다. 그러나 아직은 그 누구도 새로운 변화의 문턱에서 표준을 제시하고, 막강한 선점 효과를 누리며, 장기간 경쟁 우위를 지속할 수 있는 지위에 올라서지 못했다. 1990년대 말 인터넷 격변기의 초고속 성장주 투자 지침서로 유명한 제프리 무어Geoffrey Moore의 《고릴라 게임Gorilla Game》은 이와 같은 성장주를 '고릴라'로 지칭한다. 이 책은 인터넷 격변기에 초고속 성장주를 골라내는 효과적인 방법을 제시하여 나스닥 투자자들의 바이블로 자리매김했고, 많은 기관 투자자들의 참고서가 되었다. 당시에는 기관 개인 할 것 없이 모든 투자자들이 인터넷 종목들의 극심한 변동성에 골머리를 앓았던 것이다. 현대 비즈니스에서 절대 빠질 수 없는 인터넷이라는 기술 역시 태동기에는 수많은 투자자들을 공포에 떨게 했을 만큼 불안한 존재였다는 사실은 아이러니다.

인터넷 시대의 투자 지침서를 언급하는 이유는 과거를 통해 현재를 진단하고 미래를 예측하기 위해서다. 매번 한 시대를 지배한 투자 패러다임은 바뀌었지만, 투자 의사 결정을 내리는 시장 참여자들의 생각과 행동은 반복되는 패턴을 보였다. 이러한 패턴을 분석하여 현재를 진단하고 미래를 예측하는 것, 그리고 투자 기회를 모색하는 것, 이것이 바로 금융 투자의 역사에 관심을 가져야 하는 이유다. 1990년대 말 닷컴 버블과 인터넷 혁명기의 투자 역사는 블록체인 시대를 준비하는 데 더없이 훌륭한 가이드다.

고릴라 종목에 투자하는 방법은 두 가지가 있다. 고릴라로 성장할 가능성이 있는 종목에 미리 투자하는 것과 고릴라로 판명된 종목에 투자하는 것이다. 고릴라로 판명된 종목에 투자하는 것은 누구나 할 수 있는 전략이다. 그렇다면 수많은 아기 원숭이들 중에서 어떻게 고릴라를 찾아낼 것인가? 아기 원숭이들의 생김새는 다 똑같은데 말이다. 다행히 혁신 산업의 역사를 되짚어 봄으로써 고릴라의 서식지를 유추하는 방법이 있다. 역사적으로 고릴라는 어김없이 불연속적인 혁신 기술에서 탄생했다. 그렇다. 불연속적인 혁신이 감지되는 곳, 그곳이 바로 고릴라들의 서식지다. 동시에 엄청난 투자 기회가 숨어 있는 장소다.

고릴라 서식지를 찾았다고 해서 모두가 고릴라로 자라날 아기 원숭이를 만나게 되는 것은 아니다. 전략이 필요하다. 먼저 불연속적 혁신 기술의 수용 및 발전 단계를 면밀히 분석해야 한다.

첫 단계는 '초기 시장'이다. 불연속적 혁신 기술이 태동하는 단계이고, 기술의 타당성을 입증하는 시기다. 이 시기의 회사들은 대부분 배타적인 성향을 보인다. 신기술로 다른 회사와 차별화되는 우위를 확보하고 싶기 때문이다. 오늘날 대부분의 블록체인 프로젝트들이 보이는 성향과 비슷하다. 무의미한 속도 경쟁, 근거 없는 성능 자랑, 타 프로젝트 비방 등이 난무한다. 이 시기 대부분의 참여자는 소수의 회사들을 제외하곤 기술 열광 세력, 이상주의자들과 같은 개인들이 대부분이다. 따라서 암호 자산의 가격 역시 극심한 변동성을 갖게 된다. 이 시기에 등장한 모든 회사들은 아직 아기 원숭이들이다. 모양이 전부 비슷해서 누가 고릴라인지 알 수 없다.

다음 단계는 '캐즘chasm'이다. 캐즘은 새롭게 등장한 불연속적 혁신 기술이 이상주의자들에게 충분히 새롭다는 인식을 주지 못해 잠재력을 상실하고, 동시에 너무 불연속적이어서 실용주의자들에게 외면당하는 구간을 의미한다. 사이퍼펑크의 정신적 지주라고 불리는 데이비드 차움David Chaum이 1990년에 개발한 이캐시E-Cash는 초기에 다수의 금융 기관으로부터 관심을 받았으나, 당시 태동한 신용 카드의 간편함에 가려 결국 꽃을 피우지 못하고 역사 속으로 사라졌다. 이 시기는 또 기존 기술의 옹호자들이 새롭게 등장한 기술에 대해 위화감을 느끼고 악의적인 공격을 퍼붓는 때이기도 하다. 혁신이 시장에서 유용성을 입증하지 못하면 캐즘에 빠져 사장된다.

불연속적 혁신이 캐즘의 단계를 극복하면 이제 본격적인 시장 침투가 진행된다. 대중보다 한발 앞서 혁신을 수용하려는 주체들이 이를 받아들이기 시작한다. 이러한 단계가 가속화되면 '회오리바람'이 불게 된다. 이른바 초고성장 단계가 펼쳐지는 것이다. 이 단계에서는 실용주의적 대중의 저항은 완전히 무너지고 신기술은 대규모로 수용된다. 따라서 수요가 급격히 팽창하고 단기간에 대규모 시장이 창출된다. 또한 대규모 기관 참여자들이 뛰어들어 대체 어디서 나왔는지 궁금할 정도의 막대한 자본을 댄다. 아기 원숭이들의 운명은 이 단계에서 극명하게 갈린다. 회오리바람 초기에는 기술력, 시장 점유율 등 대부분의 정량 지표들이 비슷한 소수의 회사들이 업계 리더의 자리를 놓고 다툰다. 그러나 회오리바람이 진행되면서 특정 회사가 표준을 만들어 내는 데 성공하면 양상은 완전히 달라진다. 시장이 급속도로 팽창하다 보니 나머지 회사들은 현존하는 표준에 의존하게 된다. 이처럼 가장 먼저 표준을 장악한 회사는 고릴라로 성장하고, 거대하고 새로운 시장을 장악하게 된다. 반면 고릴라로 성장하지 못한 나머지 회사(침팬지, 원숭이)들은 처음에는 맞불fightback 전략을 취한다. 그러다 시장이 명백히 인정하는 고릴라가 등장하면 고릴라 등에 올라타는piggyback 전략을 쓰거나 굉장히 협소한 시장에서 고릴라의 눈치를 보면서 비즈니스를 하게 된다. 일단 고릴라의 지위를 갖게 되면 그 특권은 굉장하다. 시장 자체가 고릴라의 편이다. 고릴라가 가진 표준을 중심으로 새로운 시장이 형성되었으니, 고릴라가 잘되기만을 바랄 뿐이다.

회오리바람은 보통 최초의 폭발적 수요가 시장에 흡수되는 기간으로, 3~5년 정도 지속된다. 이후에는 수요와 공급이 평형을 이루는 시기가 오는데 이를 '메인스트리트main street' 단계라고 한다. 이 시기에 고릴라의 파워는 더욱 강해진다. 시장은 표준 설정에 대한 갈증을 해소했고 이제는 점진적 혁신에 초점을 맞춘다. 연속적인 혁신 기술이 꼬리를 물고 탄생하며 폭발적인 가치를 생성해 낸다. 시장의 모든 참여자들은 고릴라의 표준에 아무도 의구심을 갖지 않는다. 오히려 그 위에서 새로운 가치를 창출하기 위해 혈안이 된다. 따라서 고릴라의 시장 장악력은 더욱 강화된다. 표준을 조금만 바꿔도 시장을 입맛에 맞게 바꿀 수 있게 되니 말이다.

자, 이제 실제로 고릴라를 포획할 준비가 끝났다. 고릴라로 성장할 아기 원숭이들을 어떻게 골라내는지 살펴보자. 블록체인과 암호 자산은 초기 시장을 지나 캐즘의 마지막 단계를 지나고 있다. 따라서 이 새로운 기술이 조만간 어떤 곳에서 쓰임새를 먼저 발휘할지 예상해 보는 것이 가능해졌다. 암호 자산을 크게 디지털 화폐와 분산 컴퓨팅 플랫폼으로 분류해 보자. 물론 여기서 다시 세분화가 가능하지만, 이해를 돕기 위해 두 분류로만 나눠 보겠다. 고릴라 찾기의 핵심은 쓰임새가 명확하고 향후에 규모가 확대될 수 있는 영역의 아기 원숭이들을 포획하는 것이다. 즉, 본원적 경쟁력을 갖춘 암호 자산을 골라내는 것이다. 본원적 경쟁력에는 특허 기술의 유무, 커뮤니티의 규모, 브랜드 가치, 선점 효과의 유무, 확장성 등이 있다.

이후 해당 암호 자산들의 발전 과정을 면밀히 살핀다. 그리고 고릴라로 성장할 가능성이 보이지 않는 암호 자산부터 매도하고, 살아남은 고릴라 후보들에게 재투자한다. 특정 암호 자산이 고릴라 경쟁에서 도태되는 경우는 보유한 본원적 경쟁력 중 가장 중요한 항목에서 심각한 문제에 직면한 경우다. 예를 들면 분산 컴퓨팅 플랫폼의 경우 더 이상 확장성이 개선될 가망이 없거나, 해당 플랫폼을 활용하려는 파트너사들이 이탈해 플랫폼으로서 기능이 약화할 것으로 판단될 경우다. 인터넷 태동기에 많은 기관 투자자들은 위와 같은 방법으로 고릴라를 솎아 냈고, 이를 통해 막대한 투자 수익률을 거뒀다. 블록체인과 암호 자산이라는 첨단 기술도 다르지 않다.

이용재

주

1 _ 래리 서머스 홈페이지에서 구조적 장기 침체에 대한 칼럼과 연구 자료를 확인할 수 있다.
http://larrysummers.com/category/secular-stagnation

2 _ Laurence Summers et al. 〈Secular stagnation: Facts, causes, and cures〉, 2014. 9. 10.

3 _ Paul Krugman, 〈Four observation on secular stagnation〉, 2014. 8. 15.

4 _ 랜덜 레이(홍기빈 譯),《균형재정론은 틀렸다》, 책담, 2017.

5 _ 마이클 케이시·폴 비냐(김지연·유현재 譯),《비트코인 현상, 블록체인 2.0》, 미래의 창, 2017.

6 _ 마이클 케이시·폴 비냐(김지연·유현재 譯),《비트코인 현상, 블록체인 2.0》, 미래의 창, 2017.

7 _ Satoshi Nakamoto, 〈Bitcoin: A Peer-to-Peer Electronic Cash System〉, 2008.

8 _ Vitalik Buterin, 〈A Next-Generation Smart Contract and Decentralized Application Platform〉, 2013.

9 _ Libra Association Members, 〈Libra's mission is to enable a simple global currency and financial infrastructure that empowers billions of people〉, 2019.

10 _ 한국금융투자자보호재단, 〈WEF, 새로운 세대를 위한 4가지 핵심 금융 서비스〉, 2019.

11 _ 주가 연계 파생 결합 증권의 약자로 주가의 조건이 충족되면 정해진 수익을 제공할 수도 있고 그렇지 못한 경우 손실이 발생할 수 있는 금융 상품을 말한다.

12 _ 헤지(hedge)란 주가, 환율, 금리 또는 다른 자산에 대한 투자 등을 통해 보유하고 있는 위험 자산의 가격 변동을 제거하는 것이다.

13 _ Daniel Diemers et al., 〈A strategic perspective Initial Coin Offerings – Crypto

Valley Association〉, PwC, 2018. 6. 28.

14 _ Crypto Asset Value, 〈2018년 한국 ICO를 돌아보며 - ICO의 변화가 필요할 때〉, 2018. 11. 29.

15 _ 자본금 1000만 원 미만, 임직원 수 3명 내외(국내 회사 임원이 겸직)의 회사를 의미한다.

16 _ 국무조정실·국무총리비서실, 〈ICO 실태 조사 관련 보도자료〉, 2019. 1. 31.

17 _ 기존의 사업 성과를 기반으로 진행하는 리버스 ICO의 경우에는 구축한 사업 성과를 기반으로 진행하기 때문에, 백서와 팀원만으로 진행하던 ICO와는 차이가 있다.

18 _ 코인 평가 기관 ICO벤치(ICObench)의 플랫폼에 총 5631개의 ICO가 올라와 있다.

19 _ Shane Shifflett and Coulter Jones, 〈Buyer Beware: Hundreds of Bitcoin Wannabes Show Hallmark of Fraud〉, 《Wall Street Journal》, 2018. 5. 17.

20 _ 그 외의 펀드로는 시가 총액 하위 그룹인 스몰 캡(small capital) 투자 위주의 펀드나 매우 적은 숫자의 종목 위주로 투자하는 펀드가 있다.

21 _ State of the DApps, 〈DApp 통계〉.

22 _ 이더리움 기업 연합 홈페이지, https://entethalliance.org/members

23 _ 재정 거래는 어떤 상품의 가격이 시장 간에 상이할 경우 가격이 싼 시장에서 매입하여 비싼 시장에 매도함으로써 매매 차익을 얻는 거래 행위를 말하며, 차익 거래라고도 한다. 〈재정 거래〉, 《매일경제 용어 사전》.

24 _ 일물일가 법칙이란 동일한 시점의 동일한 시장에서 동일한 자산이나 상품의 가격은 같아야 한다는 균형 조건을 말한다. 만약 이 균형 조건이 성립되지 않으면 가격 차이를 이용한 차익 거래가 발생하게 되고, 이러한 차익 거래에 의하여 다시 일물일가의 법

칙이 성립하게 된다.

〈일물일가 법칙〉,《매일경제 용어 사전》.

북저널리즘 인사이드

구체적인 미래를
상상하라

4차 산업혁명이라는 키워드는 어느새 진부해지고 있다. 인공지능, 사물인터넷, 로봇과 자율주행 같은 신기술이 우리의 삶을 완전히 바꿔 놓을 것이라는 전망은 익숙하다. 기존의 일자리가 사라지거나 새로운 일자리가 생길 것이라는 관측은 상식이 되었다. 동전이나 지폐, 신용 카드를 대체하는 모바일 화폐 역시 미래의 변화를 논할 때 빠지지 않는다.

저자들은 그러나 우리가 여전히 '혁명' 이후의 삶을 제대로 상상하지 못하고 있다고 말한다. 금융, 투자, 법률 분야의 전문가인 이들은 기술의 발달로 삶과 일이 바뀌면, 소비자가 화폐를 선택할 수 있는 화폐 민주주의 시대가 도래할 것이라고 전망한다. 전 세계의 소비자와 생산자가 국경을 넘어 연결되고, 스마트폰을 사용하면서 자란 디지털 원주민 세대가 성장하는 사회에서는 각국 중앙은행이 발행하지 않는 새로운 화폐가 선택받을 수 있다는 것이다.

이 새로운 화폐를 가능케 할 기술이 블록체인이다. 블록체인으로 중앙은행 같은 통제 시스템 없이도 안전한 거래를 할 수 있다. 블록체인 기술로 탄생한 디지털 자산은 국경을 넘어, 수수료 없이, 빠른 속도로 거래되는 새로운 돈으로 자리 잡을 것이다. 돈에 담긴 가치가 전 세계로 연결되면 투자의 개념도 달라진다. 주식 발행이 아닌 코인 발행으로 투자자를 모집하고, 그림과 저작권, 원자재 같은 이동이 어려운 자산을 분할해서 투자하는 것도 가능하다. 코인이 시장 경제의 단위로 자리 잡으면 코인 투자는 지금의 주식 투자처럼 장기적 경제 성장을 지탱하는 원동력이 될 수 있다. 글로벌 금융 기업과 테크 플랫폼은 물론 중국과 미국, 싱가포르 등 각국 정부가 디지털 자산 시대를 준비하는 이유다.

세상이 달라질 것이라는 예측을 하는 일은 어렵지 않다. 그러나 어떻게, 얼마나 달라질지를 그려 내는 일은 어렵다. 미래에 대한 상상을 근거로 변화를 선택하는 일은 더 어렵다. 저자들의 글은 어려운 선택의 토대가 될 구체적인 미래를 보여 주고 있다.

김하나 에디터